CIÊNCIA POLÍTICA E TEORIA GERAL DO ESTADO

Revisão técnica:

Gustavo da Silva Santanna
Graduado em Direito
*Especialista em Direito Ambiental Nacional
e Internacional e em Direito Público*
Mestre em Direito
Professor em cursos de graduação e pós-graduação em Direito

S232c   Santanna, Gustavo da Silva
          Ciência política e teoria geral do estado / Gustavo da
        Silva Santanna ; revisão técnica: Débora Sinflorio da Silva
        Melo e Felipe Scalabrin. – Porto Alegre : SAGAH, 2023.

          ISBN 978-65-5690-355-2

          1. Ciência política – Teoria – Estado. I. Título.

                                                          CDU 321

Catalogação na publicação: Mônica Ballejo Canto – CRB 10/1023

CIÊNCIA POLÍTICA E TEORIA GERAL DO ESTADO

Débora Sinflorio da Silva Melo
Graduada em Direito
Mestre em Corrupção e Estado de Direito

Felipe Scalabrin
Mestre em Direito Público
Membro do Grupo de Pesquisas "O processo civil contemporâneo: do Estado Liberal ao Estado Democrático de Direito" (CNPQ)
Professor de programa de pós-gradução em Direito

Porto Alegre
2023

sagah⁺

© SAGAH EDUCAÇÃO S.A., 2023

Gerente editorial: *Arysinha Affonso*

Colaboraram nesta edição:
Editora: *Maria Eduarda Fett Tabajara*
Preparação de originais: *Carla Paludo*
Capa: *Paola Manica | Brand&Book*
Editoração: *Kaéle Finalizando Ideias*

Reservados todos os direitos de publicação à
SAGAH EDUCAÇÃO S.A., uma empresa do GRUPO A EDUCAÇÃO S.A.

Rua Ernesto Alves, 150 – Bairro Floresta
90220-190 – Porto Alegre – RS
Fone: (51) 3027-7000

SAC 0800 703-3444 – www.grupoa.com.br

É proibida a duplicação ou reprodução deste volume, no todo ou em parte, sob quaisquer formas ou por quaisquer meios (eletrônico, mecânico, gravação, fotocópia, distribuição na Web e outros), sem permissão expressa da Editora.

IMPRESSO NO BRASIL
PRINTED IN BRAZIL

SUMÁRIO

Unidade 1

Ciência política e teoria geral do Estado 7
   Considerações iniciais 7
   Conceitos fundamentais 10
   Importância da disciplina 12

Da sociedade 14
   Origens da sociedade 14
   Poder social e sociedades políticas 18
   Sociedades políticas 23

Origem do Estado 25
   Estado como sociedade política 25

Elementos constitutivos do Estado 33
   O Estado e os seus elementos 33

Unidade 2

A evolução do Estado 45
   Tipos históricos de Estado 45

O poder do Estado: finalidades e funções do Estado 53
   O advento do Estado contemporâneo 53
   O poder do Estado 55
   As finalidades e funções do Estado 57

O Estado na ordem internacional 64
   Soberania no âmbito internacional 64

Estado e democracia 75
   A democracia do passado 75

Unidade 3

O sufrágio e sistemas eleitorais 86
   Sufrágio 86
   Dos sistemas eleitorais 90
   Da importância dos partidos políticos 93

Formas de governo 96
Formas de governo 96
Governo e separação de poderes 99

Sistemas de governo 104
Dos sistemas de governo 104
Presidencialismo 105
Parlamentarismo 107

O Estado constitucional 111
Dos Estados modernos 111
Influência da Declaração de Direitos do Homem e do Cidadão de 1789 114
Formas de Estado 115

Unidade 4

O Estado de Direito 118
Dos elementos do Estado de Direito 118
Fases do Estado de Direito em paralelo aos direitos fundamentais 121
Estado de Direito e democracia 123

A relação entre Estado e economia 126
Do capitalismo ao Estado moderno 126
Estado social e socialismo 128

Estados e grupos sociais 133
Da importância da opinião pública para
o Estado democrático de Direito atual 133
Vinculação da sociedade de massa
e a opinião pública 135
Influência midiática na opinião pública 137

O futuro do Estado 141
Crise: o mundo em colapso 141
Estratégias de superação das crises
financeiras estatais 143

UNIDADE 1

Ciência política e teoria geral do Estado

Objetivos de aprendizagem

Ao final deste texto, você deve apresentar os seguintes aprendizados:

- Apresentar os conceitos básicos da disciplina.
- Contrastar teoria do geral do estado e ciência política.
- Reconhecer a importância do estudo da disciplina.

Introdução

A ciência política e a teoria geral do Estado são disciplinas diretamente relacionadas com a organização da vida em sociedade. Apresentam-se como fonte indispensável para a compreensão das relações de poder e da atuação do Estado ao tratarem de temas relevantes como poder político, direitos políticos, democracia, legitimidade do poder, formas de governo, sistemas de governo e funções do Estado.

Neste capítulo, você verá os conceitos básicos que orientam a disciplina, com a diferenciação entre ciência política e teoria geral do Estado, e, ao final, identificará a importância prática e teórica do estudo.

Considerações iniciais

Não é nova a ideia segundo a qual o homem somente pode ser compreendido a partir da sua inserção na **vida em sociedade**. De fato, o ser humano é agregador e depende, pela sua própria essência, da aproximação com o outro. Conforme Aristóteles, o homem é um ser político. Em paralelo, a condição humana também traz uma constante autorreflexão: o homem busca conhecimento e aprofundamento das estruturas que lhe são apresentadas. É nessa linha de raciocínio que se verifica a presença, desde priscas eras, de um pensamento científico. A ciência surge justamente como um fenômeno de análise das relações de causa e efeito, na tentativa de sistematizar e organizar o conhecimento adquirido. Com a vida em sociedade, não é diferente.

O estudo da organização política e dos comportamentos políticos da sociedade é destinado à ciência política enquanto disciplina do saber. Já o estudo do Estado, enquanto organização jurídica da sociedade, é destinado à teoria geral do Estado (DALLARI, 2013).

Sob a perspectiva da **ciência política**, relevantes aspectos da vida em sociedade são objeto de reflexão e compreendem as definições básicas das instituições sociais e o seu próprio funcionamento. Não é por outra razão que o estudo da ciência política envolve temas delicados, como poder político, direitos políticos, democracia, legitimidade do poder, Estado e governo (MORAIS; STRECK, 2010).

Sob o enfoque da **teoria geral do Estado**, tantos outros importantes temas são pontos de questionamento e abrangem não apenas a definição de Estado, mas também as suas origens, os seus fundamentos e as suas finalidades. Por essa razão, o estudo da teoria geral do Estado não desconsidera algumas categorias essenciais, como as formas de Estado, as formas de governo, os sistemas de governo e as funções do Estado.

Além disso, consideramos a possibilidade de diferentes enfoques para o estudo. Surgem, assim, as perspectivas filosófica, sociológica e jurídica. Sob o **prisma filosófico**, buscamos os fundamentos do Estado e da sociedade, isto é, a sua justificativa teórica. Sob o **prisma sociológico**, identificamos os fatos concretos que revelam a prática social na indissociável relação existente entre o Estado e as condicionantes sociais existentes. Por fim, na **perspectiva jurídica**, pretendemos evidenciar a organização e personificação do Estado por meio do corpo normativo que o compõe (DALLARI, 2013). No ápice dessa última formulação, devemos citar Hans Kelsen, para quem o Estado se situa no plano do dever-ser (*sollen*) (DALLARI, 2013).

A esse respeito, confira a posição de Max Weber (apud BONAVIDES, 2009, p. 42):

> Com efeito, na sociologia política de Max Weber, abre-se o capítulo de fecundos estudos pertinentes à política científica, à racionalização do poder, à legitimação das bases sociais em que o poder repousa, inquire-se ali da influência e da natureza do aparelho burocrático; investiga-se o regime político, a essência dos partidos, sua organização, sua técnica de combate e proselitismo, sua liderança, seus programas; interrogam-se as formas legítimas de autoridade, como autoridade legal, tradicional e carismática; indaga-se da administração

pública, como nela influem os atos legislativos, ou com a força dos parlamentos, sob a égide de grupos socioeconômicos poderosíssimos, empresta à democracia algumas de suas peculiaridades mais flagrantes.

> **Fique atento**
>
> O componente humano presente na disciplina conjugada de ciência política e teoria geral do Estado provoca uma compreensão que transborda a perspectiva meramente jurídica ou sociológica. De fato, entender as relações entre o indivíduo e o Estado é aceitar uma complexidade interdisciplinar: somente se apreende o todo se forem considerados fatores históricos, econômicos, filosóficos e, até mesmo, psicológicos (MORAIS, 2010).

O aspecto temporal também influencia sobremaneira o estudo da disciplina. Assim, algumas categorias conceituadas de determinada forma hoje poderão não mais ter a mesma definição amanhã. Essa, aliás, é considerada uma das grandes dificuldades do pensamento científico. Confira, a propósito, o pensamento de Paulo Bonavides (2009, p. 39):

> Mas se o oxigênio, enxofre e o hidrogênio "se comportam da mesma maneira na Europa, na Austrália ou em Sírius", se qualquer mudança na composição do elemento químico encontra no cientista condições fáceis e seguras de exame e esclarecimento, o mesmo não se dá com o fenômeno social e político. Fica este sujeito a imperceptíveis variações, de um para outro país, até mesmo na prática do mesmo regime; ou de um a outro século, de uma a outra geração.

Por tais razões, compreender a ciência política e a teoria geral do Estado na atualidade é também considerar os movimentos atuais de crítica e reorganização da estrutural estatal, notadamente em razão da reavaliação da posição do Estado frente à sociedade e da dinâmica da globalização (CHEVALLIER, 2009). Não se pode desconsiderar, também, a chamada crise do Estado contemporâneo, que coloca em cheque a definição tradicional e o papel do ente estatal. Basta considerar, como exemplo dessa crise, a questão do espaço geográfico do Estado:

> As fronteiras, físicas e simbólicas, que delimitavam a esfera de influência, o espaço de dominação do Estado, tornaram-se porosas: os Estados são atravessados por fluxos de todas as ordens, que eles são incapazes de controlar, de canalizar e, se necessário, conter; já não tendo controle sob as variantes essenciais que comandam o desenvolvimento econômico e social, a sua capacidade de regulação tornou-se, concomitantemente, aleatória (CHEVALLIER, 2009, p. 32).

Conceitos fundamentais

A seguir, você identificará os conceitos de ciência política e teoria geral do Estado e conhecerá suas diferenças e semelhanças.

Ciência política

A política, enquanto prática humana relacionada com a noção de poder, é objeto de debate e reflexão desde o passado longínquo. Dessa forma, muitas obras clássicas são referência até hoje, com relevância para Platão, Aristóteles, Nicolau Maquiavel, Thomas Hobbes, John Locke, Alexis de Tocqueville, Rousseau, Karl Marx, George Burdeau, entre tantos outros. A palavra remonta à noção grega de *pólis*.

Sobre o conceito de ciência política, Dalmo Dallari (2013, p. 17) destaca que ela "faz o estudo da organização política e dos comportamentos políticos, tratando dessa temática à luz da Teoria Política, sem levar em conta os elementos jurídicos". Essa definição considera que o elemento central do estudo é a política e, por essa razão, deságua na noção de **poder**. Com efeito, a ciência política é centrada no estudo do poder e, portanto, da autoridade (DUVERGER apud DIAS, 2013, p. 9). Em síntese, o objeto da ciência política é o poder.

Para melhor estudar o seu objeto, é possível identificar quatro **campos de atuação da ciência política** (DIAS, 2013):

- as instituições em que atuam os sujeitos, como o Estado e o governo;
- os recursos utilizados, como a influência e a autoridade;
- os meios para a formulação de decisões políticas (*decision-making*);
- as funções desempenhadas, como a solução consensual de conflitos e a imposição de decisões pelos atores dotadas de autoridade.

Teoria geral do Estado

O Estado, enquanto organização política da sociedade (em determinada base territorial e qualificada pelo poder político), também é objeto de intenso debate. Aliás, apesar dessa definição inicial, o **conceito de Estado** é polêmico e multifacetado, sempre dependente da perspectiva de exame (DALLARI, 2013). Sob o enfoque jurídico, seguramente haverá definição diferente da perspectiva meramente sociológica de Estado.

A teoria geral do Estado se dedica "ao estudo do Estado sob todos os aspectos, incluindo a origem, a organização, o funcionamento e as finalidades, compreendendo-se no seu âmbito tudo o que se considere existindo no Estado e influindo sobre ele" (DALLARI, 2013, p. 18). É evidente, com isso, que o estudo do Estado também diz respeito às condições de possibilidade de sua compreensão (MORAIS, 2010).

Em termos práticos, as questões abordadas na teoria geral do Estado já eram tratadas pelos autores clássicos da ciência política. A sistematização, como disciplina autônoma, deveu-se principalmente à doutrina alemã do final do século XIX e início do século XX, notadamente com Georg Jellinek e a sua teoria geral do Estado (*Allgemeine Staatslehre*, 1911).

Diferenças e semelhanças

Apresentadas as definições de ciência política e teoria geral do Estado, verificamos, com clareza, que as disciplinas não se confundem. Enquanto a primeira diz respeito às relações de poder, a segunda diz respeito às relações com o Estado. É certo, por outro lado, que "não há possibilidade de desenvolver qualquer estudo ou pesquisa de Ciência Política sem considerar o Estado" (DALLARI, 2013, p. 17).

A ciência política, com efeito, é disciplina mais ampla e da qual a teoria geral do Estado faz parte. Essa, aliás, é a concepção de Herman Heller (apud DIAS, 2013), que já apontava a dificuldade em diferenciar ambos os fenômenos. De todo modo, para ele, há uma dependência recíproca entre ambas: a teoria geral do Estado é também pressuposto da ciência política.

Há, por outro, uma inevitável aproximação entre ambas. É que as duas se debruçam sobre a convivência humana, o Estado e a política:

> [...] não somente para saber como se constituem, nem somente no sentido de uma obra de arte ou de uma teoria da constituição, mas, em última instância, no sentido de que constituem uma ciência da ordem. Têm uma tarefa comum, pois têm que responder à velha questão de como nós, seres humanos, podemos chegar a ter uma vida racional e boa (DIAS, 2013, p. 14).

Link

Confira a íntegra da obra de Georg Jellinek no link abaixo ou acessando o código ao lado:

https://goo.gl/sqAVQN.

Importância da disciplina

Variadas razões justificam o estudo da ciência política e da teoria geral do Estado. Com efeito, a disciplina tem relevo jurídico e, na pena de Dalmo de Abreu Dallari, podem ser identificadas três razões para se considerar a matéria importante (DALLARI, 2013).

A primeira razão é de **consciência**: quem vive em sociedade precisa saber a sua organização e o papel que deve cumprir, sob pena de se tornar um autômato despido de intelectualidade e sem vontade própria.

A segunda razão é de **ordem crítica**. Assim, devem ser conhecidas as formas e os métodos pelos quais os problemas sociais serão conhecidos e as soluções propostas para que se "evite o erro de pretender o transplante, puro e simples, de fórmulas importadas, ou a aplicação simplista de ideias consagradas, sem a necessária adequação às exigências e possibilidades da realidade social" (DALLARI, 2013, p. 13).

A terceira razão é de **ordem prática**. Isso porque a ciência política e da teoria geral do Estado colaboram, de forma incisiva, para a elaboração da ordem jurídica. São, portanto, passos necessários para a compreensão do Direito de determinada sociedade. Essa perspectiva prática revela ainda o enfrentamento que deve existir entre as construções teóricas e o cotidiano daqueles inseridos em determinada comunidade jurídica. De fato, não há qualquer utilidade em uma reflexão sobre o papel da autoridade e do Estado que não considere as peculiaridades da sociedade na qual está inserida. Por isso, deve ser acrescentada uma última boa razão para o estudo da disciplina.

A quarta razão proposta é **reativa**. De fato, compreender os institutos é, também, encontrar as suas qualidades e os seus defeitos, suas virtudes e seus vícios, de modo a buscar o aprimoramento das instituições. Assim, por exemplo, no que concerne à teoria geral do Estado, não basta apenas identificar a existência de propostas decorrentes do programa estatal, mas cumpre perquirir sobre a efetividade da sua atuação. Se o Estado brasileiro tem uma agenda, cumpre verificar se ela vem sendo cumprida. E, no âmbito da ciência política, se há um debate sobre a democracia, cumpre refletir sobre a real possibilidade de participação da comunidade na tomada de decisão. De igual modo, mudanças nas regras do jogo político podem receber uma reflexão mais tenaz em razão das posturas adotadas.

Referências

BONAVIDES, P. *Ciência política*. 16. ed. São Paulo: Malheiros, 2009.

CHEVALLIER, J. *O Estado pós-moderno*. Belo Horizonte: Fórum, 2009.

DALLARI, D. de A. *Elementos de teoria geral do Estado*. 32. ed. São Paulo: Saraiva, 2013.

DIAS, R. *Ciência política*. 2. ed. São Paulo: Atlas, 2013.

MORAIS, J. L. B. de; STRECK, L. L. *Ciência política e teoria do Estado*. 7. ed. Porto Alegre: Livraria do Advogado, 2010.

Da sociedade

Objetivos de aprendizagem

Ao final deste texto, você deve apresentar os seguintes aprendizados:

- Explicar teorias acerca das origens da sociedade.
- Diferenciar ordem social de ordem jurídica.
- Caracterizar o poder social e as sociedades políticas.

Introdução

Você certamente concordará que o convívio social traz vantagens e desvantagens. Ainda assim, o homem continua a viver em sociedade. É inegável, por outro lado, que aceitar o convívio social implica, para a liberdade do sujeito, uma série de restrições. Uma vez no grupo social, aqueles interesses protegidos pelo grupo devem ser observados, sob pena de inevitável atrito. Aliás, é difícil refletir acerca de uma sociedade em que não há conflito de interesses entre os sujeitos que dela participam. Nesse sentido, afigura-se indispensável compreender as origens da sociedade e as suas características essenciais.

Neste capítulo, você analisará as teorias sobre a origem da sociedade, diferenciando ordem social e ordem jurídica e identificando o que é o poder social e a sociedade política.

Origens da sociedade

O **convívio social** traz vantagens e desvantagens para o sujeito. Ainda assim, verifica-se que o homem continua a viver em sociedade. É inegável, por outro lado, que aceitar o convívio social implica uma série de restrições à liberdade do sujeito. Uma vez no grupo social, aqueles interesses protegidos pelo grupo devem ser observados, sob pena de inevitável atrito. Aliás, é difícil refletir acerca de uma sociedade em que não há conflito de interesses entre os sujeitos que dela participam. O que justificaria esse caráter agregador do homem?

A resposta para essa indagação é, em última análise, a solução para as origens da sociedade. Sobre o tema (DALLARI, 2013), podem ser destacadas duas grandes teorias explicativas da gênese social. A primeira é denominada **teoria naturalista**, segundo a qual haveria uma disposição natural dos homens para a vida associativa e, portanto, a vida em sociedade não dependeria de uma escolha do sujeito, mas da própria natureza humana. A segunda é denominada **teoria contratualista**, segundo a qual a sociedade é fruto de um acordo de vontades entre os sujeitos da vida associativa. Cada uma delas merece maior reflexão.

Teoria naturalista

A teoria naturalista, também denominada naturalismo, ainda é a corrente mais aceita. O seu contorno já podia ser identificado no pensamento de Aristóteles, quando, no século IV a.C., professou que o homem é naturalmente um ser político (DIAS, 2013). Seria, assim, inerente à razão humana buscar a reunião com outros da sua espécie. No período greco-romano, essa linha de pensamento foi amplamente reiterada. Vale registrar, por exemplo, a importante reflexão de Cícero (século I a.C.) no sentido de que o instinto de sociabilidade é algo inerente ao homem. Haveria, assim, uma disposição natural do homem para a vida em sociedade (DIAS, 2013).

Essa corrente também foi preponderante no período medieval. Assim, Tomás de Aquino acompanhou, com vigor, os passos do filósofo grego para reafirmar a existência de fatores naturais que impõem ao homem buscar a constante associação com outros homens. No período moderno, a doutrina de ciência política continuou com adeptos dessa posição. Considere o exemplo de Oreste Ranelletti, para quem bastaria a percepção da realidade para constatar que o homem sempre é encontrado em convívio com outros (DALLARI, 2013). A associação com o outro seria, portanto, uma condição essencial da vida humana. Ainda nesse sentido, o autor reconhece a vida em sociedade como o meio para assegurar a plena satisfação das necessidades humanas. Assim, apenas no convívio e na cooperação com o semelhante seria viável o atingimento dos fins almejados pela existência humana.

> **Fique atento**
>
> A teoria naturalista considera a sociedade o resultado do natural impulso associativo e cooperativo da vontade humana.

Teoria contratualista

A teoria contratualista, também conhecida como contratualismo, considera, em linhas gerais, que a sociedade tem origem na livre manifestação de vontade dos sujeitos, os quais, por meio de um contrato hipotético, decidem se associar e formar a comunidade. As razões que justificam essa decisão do homem são variadas para cada defensor da corrente. De qualquer forma, o ponto central da teoria é que a vontade humana justifica a existência da sociedade, não havendo um impulso natural para isso, como ocorre com a teoria naturalista (DALLARI, 2013).

Alguns autores identificam já em Platão o pensamento contratualista, na medida em que o filósofo apresentou um modelo de organização social fundado na razão e na vontade humana. A crítica, por outro lado, lembra que a proposta platônica contida na sua obra *Da república* tratava de um modelo ideal de governo, voltado a afastar os malefícios e as fragilidades da organização social em que estava inserido (DALLARI, 2013). Não havia, portanto, uma tentativa de encontrar as autênticas origens da sociedade nem expressa referência à fundação da sociedade em virtude da vontade humana. O pensamento de Platão, portanto, era voltado a um modelo ideal de sociedade (DIAS, 2013). Em razão disso, aproxima-se mais dos utopistas do século XVI, como Thomas More e Tommaso Campanella do que dos contratualistas (DALLARI, 2013).

O contratualismo, enquanto proposta de sistematização, surge no período moderno. O seu primeiro expoente foi Hobbes. Para ele, o homem viveria inicialmente em um estágio primitivo no qual estaria em constante insegurança e temor. Isso porque o ser humano é essencialmente egoísta e inclinado à agressividade, de modo que, nesse estágio, qualquer um poderia tomar do outro, pela força, o que fosse do seu interesse. É nesse chamado estado de natureza que Hobbes afirmou que o homem é o lobo do homem. Assim, eleva-se a razão humana para superar esse estágio inicial e avançar para uma fase na qual possa existir segurança e paz social. Surge, então, o estado social como etapa de formação racional da sociedade, na qual o homem se engaja em manter a paz e a segurança. Para tanto, os homens celebram um pacto de preservação em que cada um deve anuir em abdicar do direito a tudo e aceitar o direito limitado à liberdade conferida a cada um. Eis aí o **contrato social**. Todavia, dada a natureza transgressora do homem, a sociedade organizada, para Hobbes, é sempre dependente de um poder palpável e capaz de manter o indivíduo dentro dos limites definidos no pacto social. É assim que se justifica o surgimento do Estado como manifestação real de poder apta a assegurar as condições de existência da sociedade.

Hobbes também defendia que, após a superação do estado natural, a manutenção do estado social seria o primeiro imperativo de qualquer sociedade. Em razão disso, defendia que o poder do Estado não deveria sofrer limitações, senão aquele que impôs os limites deveria ser considerado o autêntico governante. Além disso, diante da relevância do papel do Estado, mesmo um governo ruim seria melhor do que o retorno ao estado de natureza (MORAIS; STRECK, 2010).

> **Fique atento**
>
> Com esse pensamento, Hobbes claramente legitima a defesa de um soberano para conduzir a vida em sociedade e, assim, aproxima-se, no pensamento político, do absolutismo (DALLARI, 2013).

Outro autor tradicionalmente relacionado à teoria contratualista é Locke. Segundo ele, o estado de natureza é tenso e perigoso, mas não necessariamente um estado de guerra. Ele também se afasta da concepção pessimista da condição humana e não chega a defender a predominância das más paixões nesse estágio inicial (MORAIS; STRECK, 2010). Ademais, para Locke, os direitos naturais não são entregues para o estado na passagem do estado natural para o estado civil. Existem, portanto, direitos naturais que apenas são protegidos por meio da vida em sociedade e do Estado.

> **Fique atento**
>
> Diferentemente de Hobbes, Locke foi um fervoroso defensor da corrente antiabsolutista, sendo considerado uma das maiores influências históricas da Revolução Inglesa (1688) e da Revolução Americana (1776).

Outro expoente do contratualismo foi Rousseau. Na sua obra mais difundida (*O contrato social*), defendeu a natural predominância da bondade humana e o seu caráter associativo, de modo que a organização da sociedade ocorre por meio de um contrato entre todos. Para ele, a ordem social seria um direito sagrado decorrente justamente das convenções sociais.

Para Rousseau, caso o homem se mantivesse no estado natural, em algum momento não teria força suficiente para fazer frente aos obstáculos para a sua própria conservação. Assim, comunga esforços com os demais. E, para conjugar de forma plena a força e a liberdade, Rousseau propõe que cada sujeito abdique completamente de todos os seus direitos em detrimento da comunidade e, justamente em razão de o indivíduo estar inserido nela, todos os direitos abdicados ainda serão seus: a liberdade que antes era individual se tornou liberdade coletiva. Esse esquema explica, para Rousseau, a inegável vantagem do contrato social: o sujeito continua livre como antes. Nesse cenário, o Estado se afigura como mero executor da vontade geral extraída da sociedade: *o soberano não pode ser apenas um indivíduo, mas o corpo social como um todo*. Dessa forma, observamos a importância desse pensamento para a Revolução Francesa (1789) e para a ascensão do pensamento democrático.

Celebrada nos séculos XVII e XVIII, a teoria contratualista recebeu acentuada crítica na era contemporânea. A principal razão reside na negação empírica da sua existência (DALLARI, 2013). Ainda que seja fácil apresentar, no plano teórico, a distinção entre estado natural e estado social, não há notícia de uma reunião decorrente de um pacto para evitar a violência ou reafirmar a liberdade. Assim, ainda que apresente inegável valor filosófico e racional, a hipótese de trabalho da teoria contratualista parte de uma premissa não confirmada na prática. Talvez seja justamente por essa razão que, na atualidade, predomina a ideia de que a sociedade é resultado de uma necessidade natural, ainda que obtemperada pela participação da vontade humana em se reunir e agrupar.

Fique atento

Prevalece a adoção da teoria naturalista quanto à origem da sociedade.

Poder social e sociedades políticas

A complexidade da vida humana revela que o agrupamento não é algo aleatório. Pelo contrário, é possível identificar padrões para a caracterização do que se compreende por sociedade. Com efeito, a procura por tais padrões afigura--se relevantíssima não só para uma compreensão geral do ser humano, mas especialmente para melhor avaliar a atuação de cada grupo social. A ciência política identifica três características essenciais para que se possa reconhecer uma sociedade e diferenciá-la de uma mera reunião de pessoas. São elas (DALLARI, 2013):

- finalidade social;
- ordem social;
- poder social.

Finalidade social

A finalidade social reside na ideia segundo a qual o homem tem plena consciência da necessidade de viver em sociedade e busca, então, fixar um objetivo para a vida social compatível com aquilo que considere necessário para a sua subsistência. Assim, o estabelecimento de uma finalidade é, em última análise, o reconhecimento de que uma sociedade, para ser considerada como tal, deve traçar objetivos compatíveis com aquilo que considere relevante (DALLARI, 2013). A grande dificuldade reside na identificação dessa finalidade. Como encontrar um objetivo comum para todos aqueles que participam de um grupo social?

Para a doutrina de ciência política, prevalece que essa finalidade, ao menos nas sociedades civilizadas, seria a **busca do bem comum**. A constatação, porém, peca pela definição aberta. Como encontrar um conceito de bem comum? Uma proposta interessante é proveniente da *Encíclica II*, segundo a qual o bem comum "consiste no conjunto de todas as condições de vida social que consintam e favoreçam o desenvolvimento integral da personalidade humana". Isso significaria, em última análise, que a finalidade da sociedade representaria a busca de condições que permitam a cada pessoa ou ao grupo social o atingimento das suas finalidades particulares, estampando, assim, o desenvolvimento da sua personalidade.

Ordem social

O segundo elemento essencial para caracterizar uma sociedade é a ordem social. De fato, para garantir que o objetivo almejado seja atingido, é necessária uma orientação comum dos sujeitos nesse sentido. Assim, a ação harmônica dos integrantes da sociedade depende de uma **ordenação** (DALLARI, 2013).

Para que haja ordem social, as ações devem ser realizadas de forma reiterada, ordenada e adequada. Assim, é indispensável que os membros da sociedade atuem em um mesmo sentido de forma contínua, reafirmando constantemente determinadas práticas. Além disso, é necessário que haja certa ordenação, isto é, a observância de **normas de comportamento social**, sejam elas jurídicas ou não. Com efeito, a existência de uma ordem social revela que o indivíduo tem a liberdade para dar cumprimento à norma ou não, ficando sujeito a uma eventual punição pela desobediência daquilo que foi convencionado em sociedade.

> **Fique atento**
>
> A conduta do indivíduo e do grupo deve ser compatível com a finalidade social. Esperamos, assim, que as ações não se realizem de modo contrário ao buscado. Essa adequação, por seu turno, deve considerar o conjunto cultural de cada sociedade.

A exigência de determinado comportamento e a tolerância a certas posturas podem receber variadas gradações perante o grupo social. É assim que o desvio de conduta pode receber diferentes consequências pelo agrupamento, ora sendo severamente punido, ora sendo tolerado. Essa diferença de tratamento quanto a ações desejadas e indesejadas traz à tona diferentes espécies de ordenação. Há, portanto, nítida diferença entre uma exigência de comportamento moral e uma exigência de comportamento jurídica (DALLARI, 2013). Enquanto a **moral** estabelece uma regra de comportamento cujo cumprimento não pode ser exigido, o **Direito** estabelece uma regra de comportamento cuja violação permite reação ou correção. A norma jurídica, portanto, apresenta caráter bilateral: ela imprime direitos e deveres, autorizando o lesado a exigir a recomposição sob pena de aplicação da sanção prevista (DALLARI, 2013). A ordem social, por sua vez, traz espectro mais amplo do que a ordem jurídica — espaço dedicado apenas às normas de direito.

Poder social

O terceiro elemento para o reconhecimento de uma sociedade como tal é a existência de poder social. De fato, se a vida em sociedade exige ordenação, como garantir que essa pauta seja observada? É nesse cenário que surge a questão do poder caracterizado como o fenômeno em que, na presença de duas ou mais vontades diferentes, haverá uma predominante (DALLARI, 2013). A noção básica de poder diz respeito à possibilidade de dominação de uma vontade sobre a outra (DIAS, 2013). Assim, em uma relação de poder, haverá uma vontade que se submete e outra vontade que é submetida.

Mas será imprescindível haver algum grau de dominação para que uma sociedade possa conciliar e harmonizar os interesses do indivíduo? A indagação é relevante, pois, caso se considere dispensável a existência de um poder social, nem mesmo o Estado, enquanto autoridade que se impõe sobre o sujeito, seria algo imprescindível. A essa corrente de pensamento, aderem os anarquistas. Em linhas gerais, o **anarquismo** propõe a desconstituição do Estado e das instituições de segmentos específicos, como a burguesia, em favor do estabelecimento de um crescimento das relações sociais de forma livre, fundado na solidariedade e no surgimento de associações voluntárias e contratos livres (DALLARI, 2013).

> **Fique atento**
>
> Nesse cenário, proposto por Mikhail Bakunin, a nova organização social seria apta a permitir que o indivíduo desfrute das vantagens decorrentes do seu próprio trabalho por meio de reuniões associativas livremente criadas. O próprio autor, entretanto, defendia o uso da violência para se atingir o objetivo de destruição do Estado e a reconstrução de uma sociedade livre, razão pela qual era considerado antes um agitador político do que um teórico dos modelos sociais. Foi, aliás, esse excessivo apego à violência que trouxe o desprestígio e descrédito às correntes anarquistas.

A intervenção de uma vontade preponderante para garantir a unidade ordenada em torno de certos objetivos se revela realmente necessária (DALLARI, 2013). É justamente essa preponderância que acaba mantendo a coesão do grupo social. Há, portanto, a necessidade de um poder apto a garantir a harmonia dos interesses individuais e coletivos. Aliás, basta a análise histórica para constatar que mesmo as sociedades mais pujantes e organizadas não ficam indenes a conflitos internos, entre seus próprios indivíduos e entre outros grupos sociais, justificando a presença de alguma autoridade. Com efeito, a história do homem é também a história do poder e da dominação.

Define-se, assim, o poder social como a aptidão conferida a alguém em um contexto social para que submeta a sua vontade a outrem. Por esse motivo, são características essenciais do poder social a **socialidade** (que exclui a existência de meros fatores individuais) e a **bilateralidade** (que demonstra a exigência de uma pluralidade de vontades com a preponderância do titular do poder social) (DALLARI, 2013).

> **Fique atento**
>
> É preciso ressaltar, entretanto, que não há verdadeiro consenso sobre a definição do poder no âmbito da ciência política (DIAS, 2013). Pelo contrário, essa conceituação revela um dos mais delicados e polêmicos pontos da disciplina.

Reconhecida a importância do poder social, outro relevante questionamento diz respeito à legitimidade de que ele se reveste. Com base nessa problemática, Adriano Moreira diferenciou o mero exercício de poder e o emprego legítimo desse poder, isto é, da autoridade das decisões tomadas (MOREIRA, 1997). Assim, para ele, quando há a obediência pelo consentimento do outro, decorrente do reconhecimento da legitimidade de quem manda, haveria emprego de **autoridade**. Por outro lado, quando há obediência pela imposição da força e do temor, decorrente da ausência de reconhecimento da legitimidade de quem manda, haveria emprego de **poder**. Surge, assim, mais um relevante problema que merece atenção da ciência política e que traz infindáveis reflexões éticas, filosóficas e ideológicas, desaguando na seguinte indagação: *como um mero poder social se torna autoridade?* Em outras palavras, trata-se de identificar as **fontes de legitimidade do poder**. Para Max Weber, podem ser identificadas três fontes (WEBER, 1991):

Autoridade tradicional — é aquela baseada na tradição e nos costumes de determinadas sociedades. Com efeito, essa legitimidade decorre de um *status* anterior de aceitação do poder pela comunidade. É, em síntese, poder legitimado pela reiterada aceitação da sua observância pelo grupo social. Como se trata de mera tradição, essa autoridade é caracterizada pela ausência de uma regra expressa que confere poder ao titular.

Autoridade carismática — é aquela baseada no carisma do titular. Nesse caso, a legitimidade decorre das qualidades pessoais do titular e são reconhecidas pela comunidade (por exemplo, a notável sabedoria, o sucesso bélico, o caráter santificado). Esse poder é legitimado pelas condições inerentes ao titular e poderá ser caracterizada pela ausência de uma regra expressa ou, até mesmo, por condutas contrárias ao direito vigente. O desconforto dessa autoridade é que a sociedade permanece estável apenas enquanto durar o líder.

Autoridade racional (ou burocrática) — é aquela baseada em uma regra de direito que atribua poder ao titular. Assim, o exercício do poder é legítimo porque está em consonância com as leis e as demais regras escritas. Como se verifica, essa legitimidade decorre de uma autorização expressa decorrente da ordem jurídica. Em razão disso, a autoridade racional é caracteriza pela identidade entre legitimidade e legalidade. O poder é legítimo enquanto exercido nos limites autorizados pela lei.

A crítica dessa classificação é que o seu conteúdo considera apenas a origem do poder social e não se preocupa com o modo pelo qual é constantemente exercido (DALLARI, 2013). Com efeito, nos tempos atuais, o poder social conferido ao titular fica sujeito à constante fiscalização (para que não se torne ilegítimo), e não pode ser desconsiderada a posterior conduta do titular, que, mesmo sob a égide da lei, seja contrária aos interesses da sociedade. Por essa razão, George Burdeau destaca que deve estar presente uma constante convergência entre os anseios do grupo social e a atuação do titular do poder.

Sociedades políticas

A sociedade compreendida como agrupamento humano ordenado para determinada finalidade em torno de um poder social revela uma definição ampla a ponto de ser possível a identificação de inúmeras sociedades em coexistência. Para melhor compreender a vida em sociedade, surge a necessidade de diferenciá-la de outras espécies de agrupamentos ou associações humanas (DALLARI, 2013).

Nesse sentido, uma das mais célebres diferenças considera como elemento marcante a finalidade de determinado agrupamento. Assim, poderiam ser identificadas duas **espécies de sociedades**:

Sociedades de fins particulares — são aquelas com propósito definido e orientado pelos seus membros. Nelas, todas as atividades são direcionadas à concretização do propósito definido pelos integrantes de forma direta e imediata.

Sociedades de fins gerais — são aquelas com propósito indefinido e genérico. Nelas, busca-se a criação de condições necessárias para que integrantes, sujeitos e outras sociedades atinjam os seus fins particulares. As sociedades políticas estão inseridas nessa segunda definição.

Desse modo, as **sociedades políticas** são aquelas que, buscando a criação de condições para o atingimento das finalidades particulares dos seus integrantes, compreendem a maioria das ações humanas, coordenando-as em torno de um objetivo comum. Trata-se, portanto, de fenômeno mais amplo do que aquele experimentado nas sociedades de fins particulares (DALLARI, 2013).

A caracterização das sociedades políticas pode representar um fenômeno mais amplo ou mais restrito. Não se pode negar, por exemplo, que a família é uma sociedade política. Por outro lado, a sociedade política de maior amplitude em um determinado grupo social organizado é justamente o Estado. Compreendemos, portanto, que a primeira definição de Estado é justamente como sociedade política (AZAMBUJA, 2008).

Referências

AZAMBUJA, D. *Teoria geral do Estado*. 4. ed. São Paulo: Globo, 2008.

DALLARI, D. de A. *Elementos de teoria geral do Estado*. 32. ed. São Paulo: Saraiva, 2013.

DIAS, R. *Ciência política*. 2. ed. São Paulo: Atlas, 2013.

MORAIS, J. L. B. de; STRECK, L. L. *Ciência política e teoria do Estado*. 7. ed. Porto Alegre: Livraria do Advogado, 2010.

MOREIRA, A. *Ciência política*. Coimbra: Almedina, 1997.

WEBER, M. *Economia e sociedade*. 5. ed. Brasília: UNB, 1991.

Leituras recomendadas

BONAVIDES, P. *Ciência política*. 16. ed. São Paulo: Malheiros, 2009.

CHEVALLIER, J. *O Estado pós-moderno*. Belo Horizonte: Fórum, 2009.

Origem do Estado

Objetivos de aprendizagem

Ao final deste texto, você deve apresentar os seguintes aprendizados:

- Analisar as teorias de origem do Estado.
- Reconhecer a importância da teoria contratualista de Estado.
- Distinguir as formações natural e histórica do Estado.

Introdução

Você já percebeu que todas as sociedades civilizadas estão organizadas em torno de um Estado? Realmente, o cenário mundial confirma que o convívio organizado do homem é centrado nessa figura considerada uma sociedade política. Com efeito, as razões pelas quais esse fenômeno ocorre são indispensáveis para uma correta compreensão das relações entre o Estado, o indivíduo e outros grupos sociais. Compreender as origens do Estado significa, também, identificar os limites do seu poder.

Neste capítulo, você estudará as teorias sobre a origem do Estado, diferenciando a sua formação natural e a sua formação histórica, bem como conhecerá a importância da teoria contratualista.

Estado como sociedade política

A origem da sociedade revela que o indivíduo se reúne em torno de determinados objetivos de forma organizada e, para atingir tais finalidades, aceita ou se submete a um poder de caráter social. Assim, revelam-se os elementos geralmente presentes na sociedade: finalidade, ordem e poder social. Em uma perspectiva ampla, quando a finalidade almejada reside na criação de condições gerais para a realização dos objetivos individuais, essa sociedade é considerada política (DALLARI, 2013).

A **sociedade política** comunga interesses gerais e individuais, na medida em que proporciona, a um só tempo, a consecução de fins próprios e de objetivos comuns para todos os seus integrantes. É frequente, inclusive, que se refira à busca do bem comum como a finalidade última de uma sociedade política considerada na perspectiva mais ampla de participantes. Nessa percepção mais ampla, quando aceita uma autoridade superior que estabeleça as regras de convivência em torno desse objetivo comum, surge a primeira concepção de Estado. De fato, o **Estado** é uma espécie de sociedade política. A expressão Estado, porém, é reveladora de momento histórico determinado e específico.

Coube a Maquiavel o seu emprego na obra *O príncipe* (1513). Diante da importância da obra, que apontava as características para um governo de sucesso no contexto político da Itália, o termo se difundiu ao longo do século XVII, superando concepções mais tradicionais que faziam alusão ao "estado" como grande propriedade particular (*estados* na Espanha e *states* na Inglaterra) (DALLARI, 2013). Mais adiante, a expressão passou a ser empregada apenas quando estivessem presentes algumas características específicas. Foi então que surgiu, no século XVIII, o chamado Estado moderno (DALLARI, 2013).

A dificuldade em identificar uma exata conceituação sobre o que se entende por Estado deságua em similar desafio para encontrar as suas origens. Assim, uma primeira corrente defende que a figura do Estado, associada a uma sociedade organizada, sempre existiu. Não seria concebível uma sociedade sem Estado. Nesse sentido, o Estado seria justamente o princípio organizador de toda a humanidade. Por outro lado, uma segunda corrente afirma que o aparecimento do Estado depende das conveniências e oportunidades de cada grupo social, dependendo das condições concretas de cada agrupamento em cada localidade. Por fim, uma terceira corrente destaca que somente pode ser considerado Estado aquela sociedade política com características próprias e nascida na metade do século XVII. Para essa concepção, a definição de Estado não é generalizável, mas um produto histórico decorrente do reconhecimento da ideia de soberania, isto é, a concentração de poder em determinado território e sobre uma determinada comunidade — o que somente teria ocorrido no século XVII (MORAIS; STRECK, 2010).

Fique atento

Apesar de a expressão Estado ser uma inovação difundida no século XVII, a noção de uma sociedade política organizava já existia na Antiguidade.

Formação do Estado

A formação do Estado é tema que suscita divergências. Variadas seriam as possíveis causas para o surgimento dessa sociedade política, sendo frequente a **classificação** entre formação originária e formação derivada (AZAMBUJA, 2008). A primeira estaria relacionada ao avanço na organização de um agrupamento pela primeira oportunidade, isto é, sem que houvesse uma ordem política anterior. A segunda diz respeito a situações em que novos Estado surgem a partir de outros já existentes. Nesse caso, falamos em **fracionamento** (quando uma parte do território de um Estado é desmembrada e se constitui um novo Estado) ou em **união** (quando dois ou mais Estados se reúnem para formar um novo Estado).

Teorias naturalistas

As **teorias naturalistas** buscam explicar a formação originária do Estado a partir de uma condição espontânea do ser humano. Segundo essas teorias, haveria uma formação espontânea do Estado, que dispensa qualquer ato voluntário da comunidade. Assim, o surgimento do Estado não depende de qualquer ato específico do homem, mas seria produto da sua natural caminhada em sociedade. Trata-se, portanto, de uma formação natural e, dessa forma, não contratual do Estado.

A formação natural do Estado é assim defendida por Darcy Azambuja:

> [...] só um fato é permanente e dele promanam outros fatos permanentes: o homem sempre viveu em sociedade. A sociedade só sobrevive pela organização, que supõe a autoridade e a liberdade como elementos essenciais; a sociedade que atinge determinado grau de evolução passa a constituir um Estado. Para viver fora da sociedade, o homem precisaria estar abaixo dos homens ou acima dos deuses, como disse Aristóteles, e vivendo em sociedade ele natural e necessariamente cria a autoridade e o Estado (AZAMBUJA, 2008, p. 109).

As principais causas não contratuais para o surgimento do Estado são sistematizadas por Dalmo de Abreu Dallari da seguinte forma (DALLARI, 2013):

Origem familiar — considera que o núcleo familiar é a célula-mãe da sociedade política. De fato, a partir da reunião de diversas famílias, a complexidade do grupo social aumenta e, assim, surge o Estado enquanto figura de reunião da comunidade. Essa foi a proposta de Fustel de Coulanges ao tratar do surgimento do Estado grego e do Estado romano.

Origem violenta — considera que o Estado é o resultado da natural superioridade de força de determinado grupo sobre outro. Assim, lembra Darcy Azambuja que o Estado é, durante os seus primeiros estágios, uma organização imposta pelo vencedor para manter a dominação do vencido (AZAMBUJA, 2008). É também denominada teoria da violência ou teoria da conquista.

Origem econômica — considera que a reunião do sujeito em torno de um aparato de poder organizado decorre de motivos econômicos. Assim, o Estado proporciona a reunião de variados interesses, já que ninguém é bastante em si. Mais do que isso, essa teoria destaca que o Estado proporciona a divisão do trabalho e a integração de diversas atividades diferentes. Alguns autores, como Marx e Engels, vão ao extremo dessa teoria para explicar as razões pelas quais o Estado autoriza tantas desigualdades: na sua origem econômica, ele institucionalizou a propriedade privada, o acúmulo de patrimônio, a divisão de classe e, por consequência, a luta entre elas. Sobre o tema, confira a crítica de Darcy Azambuja (2008, p. 103):

> Quanto à luta de classes, o que a história e a sociologia têm demonstrado é que ela sempre existiu como também sempre existiu a cooperação entre as classes; que o Estado possa ser frequentemente instrumento dessa luta é demonstrável; mas, que ele tenha nela sua origem, é história distorcida e sociologia para propaganda política.

Origem no desenvolvimento interno — considera que toda sociedade humana tem um Estado em potencial que surgirá à medida que a sua complexidade aumentar. Assim, uma sociedade pouco desenvolvida dispensa a figura do Estado, mas uma sociedade com maior desenvolvimento tem por necessidade o surgimento do Estado. Há, em razão disso, um surgimento do Estado naturalmente decorrente do progresso de uma sociedade.

Teorias contratualistas

As **teorias contratualistas** buscam explicar a formação originária do Estado a partir de um ato voluntário do ser humano. Segundo essas teorias, a formação do Estado depende de uma convenção expressa realizada entre os integrantes de uma sociedade. Assim, em linhas gerais, o surgimento do Estado dependeria de um ato concreto de reunião e aceitação, por alguns denominado **contrato social**. Trata-se, portanto, de uma formação contratual do Estado.

Para o pensamento contratualista, a sociedade e o Estado são criações artificiais da razão humana, derivadas de um consenso, tácito ou expresso, da maioria dos indivíduos para encerrar o estado de natureza e iniciar o estado civil. Assim, a origem e a legitimação do Estado são uma decorrência do **contrato entre os indivíduos** (MORAIS; STRECK, 2010). O pensamento contratualista, entretanto, não é uniforme, merecendo especial atenção as ideias de Hobbes, Locke e Rousseau.

Nesse sentido, Hobbes destaca que, antes da vida em sociedade, o homem se encontrava em uma fase primitiva, caracterizada pela insegurança e incerteza constantes. No estado de natureza, para ele, haveria uma eterna guerra de todos contra todos, derivada do caráter eminentemente negativo do homem — que não possui uma natureza boa. Assim, com o intuito de preservar a própria vida, o ser humano lança mão de um pacto em que se despoja dos seus direitos em detrimento de segurança. Entretanto, como a transgressão é ínsita ao homem, para garantir o cumprimento do pacto social, o grupo entrega o poder social para um novo sujeito, que é justamente o Estado. Por essa razão, a teoria contratualista de Hobbes justifica, a um só tempo, o surgimento da sociedade organizada (estado civil) e do Estado. Curiosamente, a figura é chamada, por Hobbes, de Leviatã ("metade monstro e metade deus mortal"), ente capaz de garantir a paz e a defesa da vida dos seus súditos (MORAIS; STRECK, 2010, p. 32).

> O pensamento do autor inglês traz amplos poderes para o soberano, já que não há parâmetros naturais para a ação estatal, uma que pelo contrato o homem se despoja de tudo, exceto da vida, transferindo o asseguramento dos interesses à sociedade política, especificamente ao soberano. O Estado e o Direito se constroem pela demarcação de limites pelo soberano que, por não ser partícipe na convenção instituidora e, recebendo por todo desvinculado o poder dos indivíduos, tem aberto o caminho para o arraigamento de sua soberania (MORAIS; STRECK, 2010, p. 34).

Assim, em Hobbes, o Estado "já nasce com poderes supremos" (DINIZ, 2001, p. 152).

Reafirmamos que, para Hobbes, é a **manutenção do pacto social** que possibilita a existência de paz entre o grupo social. As condições para o cumprimento do contrato, por sua vez, são uma providência do soberano — autorizado a "velar para que o temor ao castigo seja uma força maior que o fascínio exercido pelo desejo de qualquer vantagem possa esperar de uma violação do contrato" (DINIZ, 2010, p. 161). Com efeito, para Hobbes, a submissão absoluta é o preço a ser pago pelo súdito pela salvação trazida pelo Estado (DIAS, 2013). Por essa razão, o seu pensamento é inspiração do modelo absolutista.

Ao pensamento de Hobbes, contrapõe-se Locke — defensor das liberdades individuais e fervoroso antagonista do modelo absolutista. Para ele, no estado de natureza, o homem já possui um domínio racional de suas paixões e seus interesses, de modo que não se pode considerar a existência de uma guerra potencial. Pelo contrário, nesse estágio inicial da sociedade, há uma paz relativa que permite ao homem identificar os seus limites e reconhecer a existência de alguns direitos. De fato, no pensamento de Locke, existem diversos direitos inatos ao homem, como a vida, a liberdade e a propriedade. Falta, porém, uma força coercitiva apta a solucionar conflitos que possam surgir (MORAIS; STRECK, 2010).

A necessidade de uma força coercitiva para assegurar a proteção dos direitos inatos ao homem conduz à elaboração de um pacto entre os integrantes da sociedade. Surge, então, o contrato social como ferramenta de legitimação do poder e de manutenção dos direitos naturais. Assim, o pacto se sustenta na necessidade de proteção de direitos previamente existentes e na sua proteção contra possíveis conflitos. Surgem, assim, o estado civil e a fonte da autoridade estatal. Verificamos, nesse panorama, o caráter individualista de Locke: o surgimento do estado civil se dá para resguardar os direitos naturais de cada sujeito (MORAIS; STRECK, 2010), em especial, a propriedade (APPIO, 2005). O poder do Estado, nessa linha, já surge limitado aos direitos naturais antes existentes.

Como podemos perceber, enquanto Hobbes via no Estado um ente plenipotente, Locke identifica no Estado um ente com poder delimitado. Por essa razão, defende ele que os sujeitos do contrato podem se opor ao Estado quando houver violação a direitos naturais. Existe, pois, **direito de resistência** na sociedade política defendida por Locke (MORAIS; STRECK, 2010). Ainda, para ele, quando já instaurados a sociedade e o Estado, além do limite inicial decorrente dos direitos naturais, deverá ser observado o princípio da maioria. Assim, haverá uma proeminência do Poder Legislativo sobre o Poder Executivo (MORAIS; STRECK, 2010). Além disso, a observância da lei é impositiva, porque é fundada no próprio contrato social — o deixar de seguir a lei criado pelo Poder Legislativo é o mesmo que querer retornar ao estado natural (APPIO, 2005).

> **Fique atento**
>
> No pensamento de Locke, o soberano é limitado pelos direitos naturais e pela própria sociedade civil. Vale lembrar que Locke, além de ser o pai do liberalismo, é considerado uma das maiores influências históricas da Revolução Inglesa (1688) e da Revolução Americana (1776).

O pensamento de Rousseau também é digno de referência, já que confirma a evolução da origem do Estado de um modelo absolutista para um modelo democrático. Com Rousseau, a tese do estado de natureza apenas facilita o entendimento da sociedade. Na realidade, a formação de uma sociedade teria maior caráter histórico. É célebre a sua afirmação de que, quando o primeiro homem reivindicou propriedade e os demais, ingênuos, aceitaram, teria surgido a sociedade. Assim, a noção de estado de natureza é emprestada apenas para ilustrar o contrato social e a legitimidade do poder social.

Na compreensão de Rousseau, para manter a liberdade e a igualdade do indivíduo, propõe-se que o contrato social seja uma entrega do particular (vontade individual) para o geral (vontade geral), de modo que, quando ocorre a incursão no estado civil, não há uma abdicação da liberdade, mas sim uma entrega dela para toda a comunidade. E, como o sujeito faz parte do grupo social, não há qualquer perda. Pelo contrário, no pacto social, o indivíduo mantém a sua condição de liberdade e igualdade. É, pois, no princípio da vontade geral que reside a legitimidade do poder em Rousseau (MORAIS; STRECK, 2010). Nessa linha de entendimento, o poder não decorre da submissão a um terceiro, mas da união havida entre iguais. Trata-se de concepção na qual cada um renuncia a seus interesses particulares em detrimento da coletividade. Confira:

> Enfim, dando-se cada um a todos, não se dá a ninguém, e como não haverá nenhum associado sobre o qual não se adquira o mesmo direito que se cedeu, ganha-se o equivalente a tudo que se perde e mais força para se conservar aquilo que se tem. Se, afinal, retira-se do pacto social aquilo que não pertence à sua essência, veremos que ele se reduz aos seguintes termos: cada um põe em comum sua pessoa e todo seu poder sob suprema direção da vontade geral; e enquanto corpo, recebe-se cada membro como parte indivisível do todo (ROUSSEAU, 2017, p. 24).

A primordial contribuição desse pensamento é o tom democrático: é indispensável o **respeito à vontade geral** encarnada na maioria. O poder, nessa passagem, não mais pertence a um príncipe ou oligarca, mas à própria comunidade. Traz, por outro lado, a problemática reversa: Rousseau consagra o despotismo da maioria e sufoca qualquer pensamento político contrário à voz dominante (MORAIS; STRECK, 2010). Seja como for, no seu pensamento, há uma inegável proposta de limitação do Estado, já que o soberano não tem o direito de sobrecarregar um indivíduo em detrimento do outro (DIAS, 2013):

> Assim, fica claro que o poder soberano, por mais que seja totalmente absoluto, sagrado e inviolável, não ultrapassa nem pode ultrapassar os limites das convenções gerais, e que todo homem pode dispor plenamente dos seus bens e da sua liberdade naquilo que foi estipulado por essas convenções; de modo que o soberano nunca tem direito de sobrecarregar mais um súdito que o outro, uma vez que seu poder não é mais competente, quando o assunto se torna particular" (ROUSSEAU, 2017, p. 40).

A importância da teoria contratualista da formação do Estado é inegável, já que não apenas revela a proteção de direitos do indivíduo como também enuncia que o Estado, desde a sua origem, é limitado.

Referências

APPIO, E. *Teoria geral do Estado e da constituição*. Curitiba: Juruá, 2005.

AZAMBUJA, D. *Teoria geral do Estado*. 4. ed. São Paulo: Globo, 2008.

BONAVIDES, P. *Ciência política*. 16. ed. São Paulo: Malheiros, 2009.

DALLARI, D. de A. *Elementos de teoria geral do Estado*. 32. ed. São Paulo: Saraiva, 2013.

DIAS, R. *Ciência política*. 2. ed. São Paulo: Atlas, 2013.

DINIZ, A. C. de A. *Direito, Estado e contrato social no pensamento de Hobbes e Locke*: uma abordagem comparativa. *Revista de Informação Legislativa,* Brasília, v. 29, n. 152, out./dez. 2001.

MORAIS, J. L. B. de; STRECK, L. L. *Ciência política e teoria do Estado*. 7. ed. Porto Alegre: Livraria do Advogado, 2010.

ROUSSEAU, J.-J. *Do contrato social*. Petrópolis: Editora Vozes, 2017.

Elementos constitutivos do Estado

Objetivos de aprendizagem

Ao final deste texto, você deve apresentar os seguintes aprendizados:

- Identificar os elementos constitutivos do Estado.
- Diferenciar os conceitos de povo e nação.
- Explicar os conceitos de soberania, poder e território.

Introdução

A identificação dos elementos que constituem o Estado não deixa de ser uma preocupação sobre a própria definição de Estado. Em razão disso, conhecer os elementos que constituem essa relevante sociedade política permite o aprofundamento do seu conceito. Ainda, essa reflexão instiga um debate sobre outros relevantes temas da teoria geral do Estado, como a diferença entre povo e nação, soberania e poder, e o papel do território para a sociedade.

Neste capítulo, você estudará os elementos constitutivos do Estado, bem como aprenderá a diferença entre povo e nação, identificando os conceitos de soberania, poder e território.

O Estado e os seus elementos

A identificação dos elementos que constituem o Estado é, em última análise, um problema sobre a própria **definição de Estado**. Bem entendido o que é o Estado, não remanescem dificuldades na identificação dos seus elementos. Ocorre que foi longa a afirmação histórica dessa sociedade política, razão pela qual muitos consideram que a definição é historicamente dependente dos pressupostos de surgimento do Estado. Alguns ainda lembram que a identificação desses elementos não exclui a complexidade presente em cada sociedade política (MORAIS, 2010).

Apesar de a expressão Estado ter se difundido com o pensamento de Maquiavel, não se pode negar a presença de alguma autoridade sobre um agrupamento social em tempos muito anteriores. De fato, apesar de a expressão ser mais recente, já se registrava, no passado, o debate sobre a *pólis*, na Grécia Antiga, ou sobre a *res publicae*, no Império Romano. Mesmo na época moderna, alguns autores empregaram outras expressões, como *civitas*, para designar a sociedade política organizada (BONAVIDES, 2009).

Sobre uma possível definição do Estado, Paulo Bonavides (2009) registra que o termo pode ser empregado em sentidos diferentes, conforme a perspectiva de análise, que seriam as seguintes:

Acepção filosófica — aborda o Estado desde uma perspectiva moral e ideal. É o pensamento de Hegel, que considera o Estado uma verdadeira substância ética de si mesma; apogeu de uma dialética filosófica que concilia a contradição havida entre a família e a sociedade.

Acepção jurídica — considera que o Estado é a manifestação concreta da ordem jurídica vigente. Na perspectiva jurídica, a definição é puramente artificial e não apresenta dados da realidade empírica. Por isso, os adeptos dessa corrente destacam o papel do Direito e da regulação social na identificação do Estado. É a proposta, por exemplo, de Hans Kelsen e de Giorgio Del Vecchio.

Acepção sociológica — busca a identificação do Estado a partir de elementos concretos e da própria sociedade. Considera, portanto, que a compreensão do Estado é depende do seu entorno. Assim, a organização da sociedade representa uma influência direta para o que se entende por Estado. Essas influências externas, que podem ser de variadas ordens, trazem a concepção sociológica. Está presente, por exemplo, em Karl Marx, em Franz Oppenheimer e em Leon Duguit.

Também há polêmica sobre quais seriam os elementos essenciais do Estado. Alguns apontam dois elementos: soberania e território (Santi Romano). Outros indicam três características: povo, território e poder (Jellinek). Alguns propõem que sejam agregados outros elementos, como a finalidade ou, até mesmo, a regulação da vida social como pretendia Ataliba Nogueira (DALLARI, 2013). A principal discussão, sem grande repercussão prática, gira em torno da inclusão da finalidade estatal nos seus elementos. Ocorre que não existe sociedade organizada sem um objetivo comum. Assim, ainda que não se trate de elemento do Estado, alguma finalidade estará presente.

De todo modo, se a definição do Estado tem caráter histórico, foi com o advento do chamado **Estado Moderno** que a definição mais aceita foi difundida. Assim, é com Jellinek que se verificam os elementos essenciais do Estado. Para ele, o Estado "é a corporação de um povo, assentado num determinado território e dotada de um poder originário de mando" (BONAVIDES, 2009, p. 70).

Povo e nação

A expressão povo carrega, nos dias atuais, uma inevitável carga ideológica. O termo foi empregado por variadas razões e em diferentes contextos históricos, o que exige aqui uma apresentação para evitar confusões. O primeiro passo é simplório: a palavra povo designa o elemento subjetivo, ou pessoal, para a existência e a constituição do Estado. Assim, sem um povo, não há Estado.

O povo não se confunde com a **população**. Marcelo Caetano lembra que esta última designa apenas a expressão numérica, demográfica ou econômica, isto é, o conjunto de pessoas que estão no território de um Estado, ainda que temporariamente. Com certeza, simplesmente estar no território não é suficiente para evidenciar a existência de algum vínculo jurídico com esse Estado. Por essa razão, população e povo não podem ser considerados sinônimos à luz da ciência política.

O povo também não se confunde com a nação. A expressão **nação**, vigorosamente utilizada durante a Revolução Francesa, ocasionou o surgimento da nacionalidade e, já no século XIX, passou a ser sinônimo de Estado para alguns. Na atualidade, porém, o termo nação ganha uma conotação diferente e se afasta das características do Estado para designar os laços históricos e culturais de uma comunidade. É, portanto, o vínculo histórico e cultural de uma sociedade e que se manifesta, por exemplo, em um mesmo contexto de tradições, em uma língua comum e em uma identidade de valores ou de crenças (DALLARI, 2013).

> **Fique atento**
>
> Quando se fala em povo, portanto, há um sentido específico a ser identificado. Trata-se, como você pode perceber, de uma conquista recente.

Assim, a noção de povo empregada pelos gregos e romanos é apenas um indicativo muito distante. Para aquelas sociedades, a expressão povo era sinônimo de cidadão, isto é, indivíduo autorizado a participar da sociedade política e tomar decisões que afetassem a coletividade. Nesses dois exemplos, a maioria dos sujeitos não era considerada cidadã e, portanto, também não fazia parte do povo, ainda que integrasse a mesma sociedade política. E, por séculos, a história do povo foi a história da segregação entre classes de uma mesma sociedade. De fato, ainda na Revolução Francesa, autores de peso defendiam que o cidadão deveria designar apenas aquele membro das classes dirigentes (DALLARI, 2013). Ainda no século XVIII, em razão do papel da aristocracia burguesa, crescente em números, a definição de povo foi ampliada. No século XIX, coube a Jellinek traçar as linhas gerais para uma compreensão jurídica da definição de povo.

Para Jellinek (1954), a expressão **povo** deve ser compreendida a partir do próprio Estado. Assim, podem ser encontradas duas perspectivas: uma subjetiva e outra objetiva. Na **perspectiva subjetiva**, dado que o povo é elemento essencial do próprio Estado, a noção revela que o povo é partícipe do poder público do Estado (JELLINECK, 1954). Assim, quando o Estado exerce algum ato de poder, é também o povo em movimento atuando. Na **perspectiva objetiva**, significa que esses mesmos sujeitos são destinatários da atuação estatal e, portanto, sofrerão os efeitos das decisões do Estado. Nessa dupla perspectiva de análise, Jellinek conclui que os sujeitos devem ser considerados, a um só tempo, membros do Estado, por isso, estão em uma relação de coordenação, titularizando direitos (perspectiva subjetiva) e subordinados ao Estado — dessa forma, são titulares de deveres nas relações de poder do Estado.

A conclusão de Jellinek é que todos os indivíduos participantes da constituição de um Estado também serão titulares de direitos em face do Estado (direitos públicos subjetivos) e deverão ser considerados nessa dupla análise (direitos e deveres) (JELLINECK, 1954). A expressão povo, portanto, é sobremaneira alargada: agora todos os integrantes do Estado fazem parte do povo e são cidadãos.

Jellinek (1954), porém, não chega a reconhecer que todo indivíduo pode participar ativamente das decisões do Estado. Isso porque, na compreensão dele, haveria diferença entre cidadania ativa e cidadania passiva. Apenas a última autorizaria que certos sujeitos exercessem atribuições como se fossem o próprio Estado.

Com algumas adaptações, a definição proposta por Jellinek (1954) é empregada até hoje. Assim, Dalmo de Abreu Dallari (2013, p. 104) explica que povo é o:

> [...] conjunto de indivíduos que, através de um momento jurídico, se unem para constituir o Estado, estabelecendo com este um vínculo jurídico de caráter permanente, participando da formação da vontade do Estado e do exercício do poder soberano. Essa participação e este exercício podem ser subordinados, por motivos de ordem prática, ao atendimento de certas condições objetivas, que assegurem a plena aptidão do indivíduo. Todos os que se integrarem no Estado, através da vinculação jurídica permanente, fixada no momento da unificação e da constituição do Estado, adquirem a condição de cidadãos, podendo, assim, conceituar o povo como o conjunto dos cidadãos do Estado. Dessa forma, o indivíduo, que no momento mesmo de seu nascimento atende aos requisitos fixados pelo Estado para considerar-se integrado nele é, desde logo, cidadão.

Concluimos, portanto, que povo é o conjunto de cidadãos de um Estado. A cidadania, por sua vez, é adquirida quando o indivíduo é integrado ao Estado mediante o preenchimento de certos requisitos elaborados por ocasião do próprio surgimento do Estado (o ato de sua constituição) (BONAVIDES, 2009). Podem, ainda, ser exigidos outros requisitos para que o cidadão possa participar da formação da vontade do Estado e do exercício da soberania. São as condições para a cidadania ativa.

Exemplo

No Brasil, adquire-se a cidadania brasileira por meio das regras constitucionais sobre nacionalidade. Assim, por exemplo, são brasileiros natos (art. 12, I, da Constituição Federal de 1988) (BRASIL, 1988):
- os nascidos na República Federativa do Brasil, ainda que de pais estrangeiros, desde que estes não estejam a serviço do seu País;
- os nascidos no estrangeiro, de pai brasileiro ou mãe brasileira, desde que qualquer deles esteja a serviço da República Federativa do Brasil;
- os nascidos no estrangeiro de pai brasileiro ou de mãe brasileira, desde que sejam registrados em repartição brasileira competente ou venham a residir na República Federativa do Brasil e optem, em qualquer tempo, depois de atingida a maioridade, pela nacionalidade brasileira.

Vale acrescentar que diversos cargos apenas podem ser ocupados por brasileiros natos, o que confirma a existência de condições específicas para o exercício de algumas funções da cidadania ativa. Assim, por exemplo, o cargo de Presidente da República é privativo de brasileiro nato (art. 12, § 3º, da Constituição Federal de 1988) (BRASIL, 1988).

Por fim, a noção de povo foi revisitada por Friedrich Müller (2003). Para o autor alemão, além do povo destinatário (os sujeitos que recebem a atuação do Estado) e do povo ativo (os sujeitos que realizam a atuação do Estado), também deve ser considerada a presença de um povo legitimador (os sujeitos que justificam a atuação do Estado) e de um povo ícone (os sujeitos indevidamente mencionados como fonte de legitimação). Aliás, o povo ícone merece especial atenção.

> **Saiba mais**
>
> A respeito do povo ícone, leia *O papel do processo na construção da democracia: para uma nova definição da democracia participativa* (RODRIGO; SCALABRIN, 2009).

O **povo ícone** é aquele invocado pelos seus representantes, mas cujas decisões não são atribuíveis ao próprio povo em termos de direito vigente, mas tão somente como palavra vã de falsa legitimidade. Em outros termos, se o povo dita os critérios de escolha e decisão do Estado (que deverá sempre agir em consonância com o ordenamento jurídico), então toda a resolução estatal deve subsumir-se aos textos democraticamente postos (MÜLLER, 2003) — em não o fazendo, teríamos o uso da palavra povo como meio para tornar válido algo que na origem não o é:

> A instância prolatora da sentença [...] que não se pode basear em textos de norma de modo plausível em termos de método exerce contrariamente uma violência que ultrapassa esse limite, uma violência selvagem, transbordante, consistente tão somente nesse ato que já não é constitucional; ela exerce uma violência "atual". Nesse caso a invocação do povo é apenas icônica (MÜLLER, 2003, p. 67).

Daí porque "Rousseau abandona o discurso icônico sobre o povo. Os atingidos pelas decisões devem ser simultaneamente os autores das decisões, os outorgantes da norma devem ser idênticos ao conjunto de destinatários" (MÜLLER, 2003, p. 71).

Soberania e poder político

O poder político como elemento do Estado suscita acesa divergência. A acepção, que ora se confunde com o conceito de soberania, é, muitas vezes, empregada apenas para falsamente autorizar manobras de cunho político realizados pelo Estado (DALLARI, 2013). No âmbito do Direito Internacional Público, a crítica à expressão soberania é ainda maior. Não se pode desconsiderar, porém, que a soberania é a base do chamado Estado Moderno.

Para confirmar o seu surgimento com o Estado Moderno, Dalmo de Abreu Dallari (2013) destaca que o termo não era empregado na Antiguidade. Confira:

> Com efeito, os termos *majestas*, *imperium* e *potestas*, usados em diferentes circunstâncias como expressões de poder, ou indicam poderio civil ou militar, ou revelam o grau de autoridade de um magistrado, ou ainda podem externar a potência e a força do povo romano. Nenhuma delas, porém, indica poder supremo do Estado em relação a outros poderes ou para decidir sobre determinadas matérias (DALLARI, 2013, p. 82).

Para Jellinek (1954), a ausência do conceito de soberania desse e dos séculos vindouros seria a pouca influência do Estado nas relações internas. De fato, não havia uma oposição de poderes nos Estados da Antiguidade. Esse quadro, porém, modifica-se no século XIII, quando o monarca passa a ampliar as suas esferas de competência e conflita com outras instâncias de poder, como os titulares da terra (os barões) e os titulares da religião (a Igreja). Surge, assim, um problema de múltiplas soberanias que precisam ser equacionadas. Com o apogeu das monarquias, no final da Idade Média, verifica-se que o conceito de **soberania** está maduro o suficiente para ser teoricamente apresentado. Assim, em 1576, Bodin apresenta no *Les six livres de la république* a importância do termo.

Para Jean Bodin, a soberania é o poder absoluto e perpétuo da República, isto é, do Estado. Enquanto poder absoluto, não poderia ser limitado por qualquer outro poder ou cargo estabelecido pelo homem. Assim, a única restrição possível seria aquela decorrente das leis divinas e das leis naturais e que antecedem o homem. Enquanto poder perpétuo, a soberania não poderia ser limitada no tempo. Por fim, ainda que não mencionada expressamente, alguns reconhecem que, já em Bodin, será possível identificar a ideia segundo a qual o titular da soberania estaria acima do direito interno e livre para tomar decisões no plano internacional.

A noção de soberania foi também trabalhada por Rousseau. Para ele, o titular à soberania é o povo. Como o Estado é fruto do contrato social e da vontade geral, a soberania seria inalienável e indivisível, verdadeira manifestação ativa da vontade da comunidade (DALLARI, 2013).

Todas essas definições, entretanto, revelam o **caráter político da soberania**. De fato, compreendia-se a soberania, em sentido mais amplo, como o poder do Estado de expressar a sua vontade e de estabelecer forçadamente essa vontade. A noção, portanto, era indicativa da força coercitiva e absoluta do Estado. A legitimidade desse poder não é a sua marca essencial, bastando que seja incontestável (absoluto).

A partir do século XIX, surge uma preocupação em apresentar o caráter jurídico da soberania. Diversas teorias foram formuladas para, cada uma ao seu modo, tentar identificar a origem e a fundamentação do poder político do Estado. Assim, há uma evolução da definição, que antes era meramente política. Nessa perspectiva puramente jurídica, a soberania se apresenta como o poder de decidir, em última instância, as normas jurídicas e a sua eficácia. Assim, a soberania seria um poder jurídico para atingir fins jurídicos. Como a noção de ordenamento jurídico é a mesma para todos os Estados, essa concepção permite identificar uma igualdade entre Estados. Todos os Estados com soberania estão, no plano internacional, em patamar idêntico.

Há também quem defenda o caráter culturalista da soberania (DALLARI, 2013). Assim, propõe Miguel Reale que a soberania é o poder de organizar-se juridicamente e de fazer valer, dentro do seu território, a universalidade das suas decisões nos limites dos fins éticos de convivência. Nessa perspectiva, a soberania não é simples expressão de um poder de fato, meramente político, mas também não está integralmente submetida ao Direito, já que deve considerar também fatores éticos de convivência. Para Miguel Reale, essa seria a correta concepção política de soberania.

Na atualidade, o conceito de soberania progrediu para considerar duas perspectivas. Primeiro, é **poder supremo do Estado**, no sentido de que ele é o mais elevado poder daquela sociedade e, portanto, a última instância de decisão sobre qualquer norma jurídica. Trata-se de dimensão interna que evidencia a superioridade do Estado sobre as demais organizações da própria sociedade. Segundo, é **poder de independência do Estado**, no sentido de que ele não se submete a potências estrangeiras. Assim, o Estado é independente nas suas relações com os demais Estados.

Fique atento

Há quem considere que o conceito clássico de soberania passa por uma séria crise, sendo mitigado pela comunidade internacional. É o que ocorre, por exemplo, com a submissão do Brasil à jurisdição do Tribunal Penal Internacional (art. 5º, § 4º, da Constituição Federal de 1988 e o Estatuto de Roma, internalizado pelo Decreto Presidencial nº 4.388, de 25 de setembro de 2002).

Território e localidade geográfica

A questão relacionada à importância da localidade geográfica de uma sociedade se tornou realmente relevante com o surgimento do Estado Moderno. De fato, o tema se relaciona diretamente com a extensão do poder político de cada Estado. A presença de múltiplas e distintas instâncias de poder traz à tona o problema relacionado à extensão geográfica desse poder (DALLARI, 2013). É assim que surge o problema em torno do **território do Estado**.

Na atualidade, não há grandes divergências sobre a consideração do território como um elemento indispensável do Estado, já que essa limitação geográfica circunscreve a atuação legítima do ente estatal. Em outras palavras, não haveria soberania sem a presença de um local para ela ser exercida.

De fato, é ponto pacífico que o território é o espaço físico para o exercício da soberania do Estado. O Estado, aliás, detém soberania geral e exclusiva sobre o seu território (DALLARI, 2013). O território compreende o solo e as águas interiores. Todavia, a soberania se estende ao mar territorial e ao espaço aéreo.

As divergências ainda presentes dizem respeito, primeiro, à relação jurídica que existe entre o Estado e território, segundo, aos limites concretos desse território e, terceiro, à importância do território em um contexto de globalização.

Quanto à primeira divergência, sobre a natureza da relação entre o Estado e o território, Paulo Bonavides (2009) apresenta a seguinte síntese das **principais teorias**:

Teoria do território-patrimônio — segundo essa teoria, não há diferença entre *imperium* e *dominium*, de modo que o Estado é considerado o proprietário de todo o território, tal como ocorre nas relações privadas. Assim, o Estado é o dono de todo o seu território. O problema dessa teoria, típica do Estado medieval, é que ela torna impossível a propriedade privada, já que todas as terras pertencem ao Estado.

Teoria do território-objeto — para essa teoria, há uma relação de direito real específica para o Estado e o seu território, assim, o Estado exerce o domínio sobre todo o território, sem prejuízo da existência de um direito real particular. A crítica feita a essa teoria é que, apesar de tornar possível a propriedade privada, ela mantém essa propriedade no domínio do Estado.

Teoria do território-espaço — segundo essa teoria, o território é apenas a extensão espacial da soberania do Estado. Assim, o Estado exerce o *imperium* sobre o território e não o *dominium*. A relação que existe, portanto, é de caráter pessoal. Consideramos que o poder do Estado sobre o território é, na realidade, o poder que ele possui sobre as pessoas daquela localidade. Para alguns adeptos dessa teoria, inclusive, as violações ao território representam, na realidade, violações à personalidade jurídica do Estado. O problema dessa teoria é que não há uma justificativa para as situações em que determinado território não está ocupado.

Teoria do território-competência — para essa teoria, o território é o âmbito de validade da ordem jurídica do Estado, pois a eficácia de uma norma jurídica é sempre dependente de um espaço geográfico certo de atuação. Além disso, é essa delimitação de espaço que permite a vigência simultânea de diferentes ordens estatais. Em outros termos, sem uma delimitação espacial, não seria possível identificar o começo e o fim de cada ordem jurídica estatal, o que ocasionaria um conflito normativo.

Considerando a divergência existente, Dalmo de Abreu Dallari (2013) indica as características essenciais da territorialidade dos Estados:

- não há Estado sem território, já que a sua privação implicaria a privação do próprio Estado;
- o território é o limite da atuação soberana do Estado, sempre dependendo dele mesmo a escolha pela aceitação de normas estrangeiras;
- o território é objeto de relações jurídicas de interesse estatal, de modo que o Estado pode, inclusive, alienar uma parcela do território em circunstâncias específicas, em detrimento dos direitos de particulares detentores da propriedade privada da área.

O segundo ponto de divergência diz respeito aos **limites concretos do território**. A questão não ostenta dificuldade prática em terra firme, mas gera interessantes divergências no que diz respeito ao mar e ao espaço aéreo. Já foi mencionado que território compreende o solo e as águas interiores. Todavia, a soberania se estende ao mar territorial e ao espaço aéreo.

No passado, chegou-se a considerar que o limite marítimo de um Estado seria a distância de um tiro de canhão (*terrae potestas finitur ubi finitur armorum vis*). Coube ao Direito Internacional superar a concepção puramente bélica para indicar, com maior segurança, as balizas do território marítimo (DALLARI, 2013). Atualmente, a Convenção de Montego Bay, conhecida como Convenção das Nações Unidas sobre o Direito do Mar (CNUDM), traz a regulamentação (BRASIL, 1955). No Brasil, a Lei n° 8.617, de 4 de janeiro de 1993 (Lei do Mar) ajustou o direito interno à referida convenção (BRASIL, 1993).

Assim, o mar territorial é a faixa adjacente à costa, que incide até 12 milhas náuticas a contar da linha de base (correspondente à maré-baixa que contorna a costa sem acompanhar as entradas, denominadas águas interiores). Há que se considerar, por outro lado, a chamada zona econômica exclusiva (ZEE). Trata-se da faixa adjacente, que mede 188 milhas marítimas a contar do limite exterior do mar territorial. Apesar de não integrar o espaço de soberania do Estado, nessa zona, o Estado exerce exploração, aproveitamento, conservação e gestão dos recursos naturais de forma exclusiva.

Quanto ao espaço aéreo, há evidente dificuldade em estabelecer os limites da soberania estatal acima da terra firme e do mar territorial. O tema passou a despertar interesse com o avanço tecnológico da Segunda Guerra Mundial e hoje tem relevância ímpar diante da inimaginável potência de deslocamento humano pelo ar (BONAVIDES, 2009). Nesse sentido, considera-se que a coluna de ar existente sobre o território do Estado a ele pertence para fins de soberania. Apesar de não existir um expresso limite de altura, o Tratado sobre os Princípios que Regem as Atividades dos Estados na Exploração e Utilização do Espaço Exterior, Incluindo a Lua e Outros Corpos Celestes, de 1967, considera que o espaço extra-atmosférico é de livre acesso a todos os povos, sendo insuscetível de apropriação (BONAVIDES, 2009). Assim, o espaço ultraterrestre, inclusive a Lua, não pode ser apropriado por qualquer Estado do globo.

Por fim, a terceira questão polêmica diz respeito à importância do território em um contexto de globalização. Aliás, para Jacques Chevallier (2009), o século XXI vivencia um momento de desterritorialização ou desconcentração, valorizando soluções destinadas à autonomia local e, contraditoriamente, ampliando a interdependência existente entre os Estados. Aliás, a crise mundial é exemplo dessa crescente interdependência entre os Estados.

Referências

BRASIL. *Lei nº 8.617, de 4 de janeiro de 1993*. Dispõe sobre o mar territorial, a zona contígua, a zona econômica exclusiva e a plataforma continental brasileiros, e dá outras providências. 1993. Disponível em: <http://www.planalto.gov.br/ccivil_03/leis/L8617.htm>. Acesso em: 01 set. 2017.

BRASIL. Constituição (1988). *Constituição da República Federativa do Brasil*. Brasília, DF: Senado Federal, 1988.

BRASIL. *Decreto nº 1.530, de 22 de junho de 1995*. Declara a entrada em vigor da Convenção das Nações Unidas sobre o Direito do Mar, concluída em Montego Bay, Jamaica, em 10 de dezembro de 1982. 1955. Disponível em: <http://www.planalto.gov.br/ccivil_03/decreto/1995/d1530.htm>. Acesso em: 01 set. 2017.

DALLARI, D. de A. *Elementos de teoria geral do Estado*. 32. ed. São Paulo: Saraiva, 2013.

MORAIS, J. L. B. de; STRECK, L. L. *Ciência política e teoria do Estado*. 7. ed. Porto Alegre: Livraria do Advogado, 2010.

BONAVIDES, P. *Ciência política*. 16. ed. São Paulo: Malheiros, 2009.

MÜLLER, F. *Quem é o povo? A questão fundamental da democracia*. São Paulo: Max Limonad, 2003.

JELLINEK, G. *Teoria general del Estado*. Buenos Aires: Albatros, 1954.

CHEVALLIER, J. *O Estado Pós-moderno*. Belo Horizonte: Fórum, 2009.

Leituras recomendadas

DIAS, R. *Ciência política*. 2. ed. São Paulo: Atlas, 2013.

RIBEIRO, D. G.; SCALABRIN, F. *O papel do processo na construção da democracia:* para uma nova definição da democracia participativa. Revista Brasileira de Direito Processual, Belo Horizonte, v. 17, n. 65, jan./mar. 2009.

UNIDADE 2

A evolução do Estado

Objetivos de aprendizagem

Ao final deste texto, você deve apresentar os seguintes aprendizados:

- Caracterizar o Estado na Antiguidade.
- Responder se houve ou não Estado na Idade Média.
- Identificar as características do Estado moderno.

Introdução

Analisar o Estado por uma perspectiva histórica permite compreender o presente e prospectar o futuro. Com efeito, consideramos relevante a caracterização do Estado nos mais variados momentos da história humana, desde os seus primórdios, na Antiguidade, até os tempos modernos. Trata-se, portanto, de um tema que garante uma melhor compreensão inclusive quanto aos elementos do Estado.

Neste capítulo, você vai ler sobre os primeiros agrupamentos organizados na Antiguidade e sobre a existência de um Estado na Idade Média, além de vislumbrar a ascensão do Estado moderno.

Tipos históricos de Estado

O estudo do Estado e a identificação dos seus elementos essenciais podem ser realizados de várias formas. Basta recordar que Platão buscou tratar de modelos teóricos de Estado para tentar identificar a melhor forma de governo em uma sociedade política. Também houve quem, no passado, buscasse identificar modelos de Estado que dificilmente seriam alcançados na prática. Foi assim, aliás, que Thomas Moore elaborou o seu modelo. Seja qual for o critério de classificação, sempre podemos buscar a identificação de elementos comuns nos Estados concretamente existentes.

Assim como a história da humanidade é dividida, para fins didáticos, em variados períodos, também os diferentes Estados presentes na sociedade podem ser catalogados a partir de marcos históricos. Com efeito, a utilidade dessa classificação reside justamente na identificação de características essenciais presentes em uma mesma sociedade e em uma mesma cultura política.

Nesse sentido, Jellinek já defendia que todo fato histórico e todo fenômeno social permitem uma comparação com outros fatos e fenômenos, de modo a extrair semelhanças e diferenças entre eles. A partir daí, podemos identificar **tipos históricos de Estados** que nos permitem melhor compreender o Estado atual — já que está presente aí uma relação de continuidade histórica (JELLINEK, 1954) — e conjecturar acerca do futuro do Estado (DALLARI, 2013).

Os tipos históricos de Estado consideram quatro períodos: a Antiguidade, a Idade Média, a era moderna e a era contemporânea. A última equivale aos dias atuais e redunda na natural marcha cronológica da experiência estatal.

O Estado na Antiguidade

Na Antiguidade, podem ser destacados os seguintes **tipos de Estado**:

- Estado teocrático;
- Estado grego;
- Estado romano.

O **Estado teocrático**, também chamado de Estado Antigo ou Estado Oriental, é caracterizado pela natureza unitária e pela intensa religiosidade do regime político. Nesse Estado, vigorava a noção de unidade geral do poder político. Assim, o Estado não sofria divisões, nem territoriais, nem funcionais (DALLARI, 2013). Além disso, o papel da religião nesse tipo de Estado justificava não apenas o sistema jurídico como também a legitimidade do poder estatal, que era uma decorrência do **poder divino**.

O exemplo histórico, dado por Jellinek (1954), é o Estado de Israel no período dos seus monarcas, isto é, antes da conquista romana. Nesse período, o Estado de Israel era teocrático e unitário. Por outro lado, diferentemente de outros povos orientais, esse povo conheceu a ideia de **limitação do poder**, na medida em que mesmo os reis deviam observância aos mandamentos divinos (JELLINEK, 1954). Outro exemplo, mencionado por Darcy Azambuja (2008, p.164), é o Estado egípcio. Nele, tudo "depende do faraó, que descende dos deuses e é ele próprio um deus".

O **Estado grego**, ou Estado helênico, era, na realidade, **fragmentado**. Isso porque não havia uma unidade entre os povos helênicos, mas uma pluralidade de cidades com características comuns. As duas mais célebres, Atenas e Esparta, apresentavam esses caracteres e revelavam que o povo grego considerava que a cidade (ou cidade-Estado, ou *pólis*) deveria ser autossuficiente (DALLARI, 2013). Assim, a unidade dessas verdadeiras cidades fortificadas era interna (JELLINEK, 1954). Além disso, nesse tipo de Estado, o papel do indivíduo era acentuado. A valorização do debate político proporcionou o surgimento de uma verdadeira classe política derivada das elites dominantes e com participação direta nas decisões do Estado (DALLARI, 2013). O Estado grego, nesse sentido, pode ser considerado o berço da política e da democracia.

Fique atento

O Estado grego foi resumido por Jellinek (1954, p. 234) da seguinte forma: "El Estado helénico es una asociación de ciudadanos, unitaria, independiente y que tiene por base leyes y autoridades propias. Esta asociación ofrece un doble carácter: estatista y religioso. El principio superior para la administración y el derecho, es, en esta asociación, la conformidad a ley".

O **Estado romano**, por sua vez, também foi caracterizado pelo modelo de cidades-Estado (JELLINEK, 1954). Não podemos negar, lado outro, a dificuldade de reunir o fenômeno histórico do Império Romano em um tipo estanque de Estado. Com efeito, Roma passou por várias formas de governo, com diferentes modos de administração da Justiça e distintos meios de participação política ao longo da sua história. Alguns traços essenciais, porém, são destacados por Dalmo de Abreu Dallari. Entre eles, a origem familiar da organização pública, a intensa **participação do povo** nas questões do governo, a valorização das magistraturas e a unidade do poder político da própria cidade de Roma (DALLARI, 2013). Vale registrar também que:

> Nos primeiros séculos, o Estado romano era em tudo semelhante ao Estado grego, desde a extensão diminuta até a absorção igualmente absoluta do indivíduo na vida política. Mas o destino e a ambição dos romanos era o Estado universal. Conforme ia conquistando novas terras e populações, Roma deixava de ser um Estado-cidade e se transformava em verdadeiro Estado. Como as cidades gregas, Roma tinha o seu culto religioso oficial e obrigatório, mas o gênio romano era mais prático. Anexava ao seu culto o dos deuses dos povos conquistados e, assim, chegou um momento em que todos os deuses do mundo conhecido eram ou podiam ser adorados na cidade eterna (AZAMBUJA, 2008, p. 166).

O Estado na Idade Média

Para os historiadores, a Idade Média é considerada um período sem grandes inovações em todas as áreas do saber. Alguns chegam a apontar que seria a *noite negra da história da Humanidade* (DALLARI, 2013), já que se tratava de um período repleto de instabilidade e com situações muito heterogêneas. Fica, assim, bastante difícil identificarmos as características de um pretenso Estado medieval.

Dalmo de Abreu Dallari arrola três grandes **elementos identificadores da época medieval** e destaca que esses elementos contribuem para a evolução histórica, que, posteriormente, ocasionou a ascensão de um novo tipo de Estado, fortalecido e homogêneo. São os seguintes elementos:

Cristianismo — é a base ideológica para reconhecer a presença de valores universais. O pensamento cristão traz uma nova moralidade para a vida em sociedade e, além disso, promove uma unidade política baseada na crença religiosa. Nesse sentido:

> Motivos religiosos e pragmáticos levaram à conclusão de que todos os cristãos deveriam ser integrados numa só sociedade política. E, como havia a aspiração a que toda a Humanidade se tornasse cristã, era inevitável que se chegasse à ideia do Estado universal, que incluísse todos os homens, guiados pelos mesmos princípios e adotando as mesmas normas de comportamento público e particular (DALLARI, 2013, p. 74).

A Igreja ainda se apresentou como verdadeiro exemplo de associação política unitária e que não admitia divisão (JELLINEK, 1954). A importância da Igreja também é reveladora do conflito de forças políticas, por vezes antagônicas, em uma mesma base territorial, o que apenas foi superado no final da Idade Média.

Invasão dos bárbaros — é o elemento político e cultural que revela a proliferação de situações de instabilidade política, com o rompimento da ordem anterior e o natural surgimento de variados povos independentes (DALLARI, 2013). Além disso, as invasões bárbaras no antigo Império Romano provocaram uma verdadeira miscigenação cultural, com a transformação dos padrões tradicionais (MORAIS; STRECK, 2010) e o rompimento da burocracia anterior.

Feudalismo — é o elemento econômico que influenciou sobremaneira o modo de funcionamento da sociedade e da autoridade na época. A organização feudal era caracterizada pela presença de um suserano (detentor de terras e de poder militar apto a proteger a região) e de um vassalo (sujeito que recebia a possibilidade de cultivar a terra para o seu sustento e deveria entregar uma parcela da produção, além apresentar o seu apoio em tempo de guerra) (DALLARI, 2013). Nessa relação, que era essencialmente patrimonial (AZAMBUJA, 2008), surgiu a primeira célula do poder político, que, muitas vezes, era a única realmente respeitada. O senhor feudal era o titular do poder político, do poder econômico e do poder jurídico (MORAIS; STRECK, 2010). Aliás, o feudalismo revela, novamente, a precariedade das fronteiras políticas e dos limites da autoridade na Idade Média.

As características citadas revelam a dificuldade de identificar um Estado medieval. Com efeito, o que se verifica nessa época é a existência de diversas **sociedades políticas fragmentadas**, com múltiplos centros de poder e, até mesmo, fronteiras pouco definidas. A ausência de uma autoridade centralizada e a multiplicidade de ordens jurídicas diferentes confirmam que, na Idade Média, a dominação era mais carismática do que racionalizada (MORAIS; STRECK, 2010). Nesse mesmo sentido, Herman Heller (apud MORAIS; STRECK, 2010) destaca que, durante meio milênio, não houve uma unidade de dominação, independente no exterior e interior, que atuou de modo contínuo e com poder próprio, com uma limitação territorial e de pessoal. Essa figura ainda precisou ser gestada por meio das mudanças políticas e do pensamento teórico que floresceu no século XV.

O Estado moderno

As fraquezas da sociedade política medieval ocasionaram o inevitável avanço para uma nova organização política (DALLARI, 2013). Surgia, enfim, o Estado moderno.

A fragmentação do poder político da Idade Média ocasionou não apenas insegurança jurídica, mas também insatisfação econômica e temor político. Como a relação entre os sujeitos e a autoridade era patrimonial, havia constante insatisfação decorrente da tributação indiscriminada (DALLARI, 2013). Além disso, a ausência de uma autoridade sólida ocasionava constantes **embates pela conquista de terras**: o estado de guerra era frequente e a história revela o quão sangrenta foi a Idade Média na Europa continental.

A necessidade de um poder soberano e adequadamente definido em uma área geográfica foi consequência natural das incertezas da Idade Média (DALLARI, 2013). Por essa razão, tributamos à **Paz de Westfália** a criação do Estado moderno. Trata-se de uma série de tratados de paz firmados em território europeu para colocar fim à Guerra dos 30 anos, nos quais se estabelece o respeito à supremacia, em espaços definidos, dos soberanos da época.

Sobre o surgimento do Estado moderno, Norberto Bobbio destaca duas teses antagônicas e igualmente válidas para justificar a realidade política posterior à época medieval:

Teoria da descontinuidade — segundo essa corrente de pensamento, o Estado moderno representou uma verdadeira ruptura com a sociedade política medieval por meio de um processo de inevitável concentração do poder de comando sobre determinado território mais vasto e da monopolização de alguns serviços essenciais para a ordem interna. Assim, seriam elementos constitutivos do Estado moderno "a presença de um aparato administrativo com a função de prover a prestação de serviços públicos e o monopólio legítimo da força" (BOBBIO, 2007, p. 69).

Teoria da continuidade — segundo essa linha de entendimento, o Estado moderno é, na realidade, um produto da evolução das instituições medievais. Por essa razão, muitos elementos presentes no pensamento moderno (como a noção de soberania e de povo) já eram tratados pelos pensadores gregos e romanos. Não é à toa, por exemplo, que, mesmo no período medieval, persistia a noção de um rei e de um império, que somente ganhou vigor graças aos comentadores medievais da legislação romana. É, portanto, ainda na Idade Média que se coloca em discussão a questão da fundamentação do poder, que depois evoluirá para o pensamento sobre o Estado moderno (BOBBIO, 2007).

Apesar da distinção apresentada, há consenso no sentido de que o Estado moderno representou uma inovação para o pensamento da época (MORAIS; STRECK, 2010). De fato, o Estado moderno apresenta algumas características essenciais que revelam essa diferença:

Como poder político soberano — é nesse momento histórico que se reconhece a autonomia de cada sociedade política organizada na forma estatal (MORAIS; STRECK, 2010). Em outros termos, significa que o Estado moderno é caracterizado como poder político com autoridade plena, que não se submete a outras no plano interno e que é independente no plano externo. A **noção de soberania**, portanto, é o primeiro passo para identificar a chegada do Estado moderno.

Como poder instituído — ocorre também uma dissociação entre a autoridade e o indivíduo. Se antes havia uma plena identidade entre a pessoa do governante e o seu poder sobre os súditos, a partir do Estado moderno, o poder é despersonalizado e ganha um titular artificial, chamado de Estado. Assim, o Estado se torna uma instituição. Por essa razão, o Estado moderno deixa de ser patrimonial. Ao contrário da forma estatal medieval, em que os monarcas, marqueses, condes e barões eram donos do território e de tudo o que nele se encontrava (homens e bens), no Estado moderno passa a haver a identificação absoluta entre Estado e monarca em termos de soberania estatal (MORAIS; STRECK, 2010). Por essa razão, o Estado moderno se torna um campo igualmente fértil para o pensamento absolutista, afinal, o ente artificial precisaria de um representante personificado.

Como poder público — outro ponto relevante diz respeito à distinção entre sociedade civil e sociedade política. Com o Estado moderno, é feita a diferenciação entre esfera pública e esfera privada. Essa mudança surge justamente em razão do ocaso do modelo econômico feudal. Assim:

> [...] o novo modo de produção em gestação (capitalismo) demandava um conjunto de normas impessoais/gerais que desse segurança e garantias aos súditos (burguesia em ascensão), para que estes pudessem comercializar e produzir riquezas (e delas desfrutas) com segurança e com regras determinadas (MORAIS; STRECK, 2010, p. 43).

Surge, assim, um aparato burocrático destinado à organização dos novos meios de produção e da garantia da estabilidade econômica: o Estado se torna uma organização diferente da sociedade civil.

Fique atento

A noção emprestada ao termo Estado moderno difundiu-se com o pensamento de Jellinek, ao agregar os elementos essenciais desse tipo estatal. Para ele, o Estado "é a corporação de um povo, assentado num determinado território e dotada de um poder originário de mando" (BONAVIDES, 2009, p. 70). Assim, no pensamento do autor, três são os elementos essenciais do Estado moderno: povo, território e poder político (soberania). Apesar das críticas, são os elementos presentes até hoje no estudo da teoria geral do Estado (MORAIS; STRECK, 2010).

Referências

AZAMBUJA, D. *Teoria geral do Estado*. 4. ed. São Paulo: Globo, 2008.

BOBBIO, N. *Estado, governo, sociedade, para uma teoria geral da política*. 14. ed. São Paulo: Paz e Terra, 2007.

BONAVIDES, P. *Ciência política*. 16. ed. São Paulo: Malheiros, 2009.

DALLARI, D. de A. *Elementos de teoria geral do Estado*. 32. ed. São Paulo: Saraiva, 2013.

JELLINEK, G. *Teoria general del Estado*. Buenos Aires: Albatros, 1954.

MORAIS, J. L. B. de; STRECK, L. L. *Ciência política e teoria do Estado*. 7. ed. Porto Alegre: Livraria do Advogado 2010.

Leitura recomendada

DIAS, R. *Ciência política*. 2. ed. São Paulo: Atlas, 2013.

O poder do Estado: finalidades e funções do Estado

Objetivos de aprendizagem

Ao final deste texto, você deve apresentar os seguintes aprendizados:

- Conceituar o que é Estado na contemporaneidade.
- Determinar o poder de auto-organização estatal.
- Identificar as finalidades e funções do Estado.

Introdução

A compreensão do Estado por uma perspectiva histórica trouxe os elementos do Estado moderno. O avanço civilizatório, por outro lado, permitiu o surgimento do atual Estado contemporâneo. As mudanças havidas nos dias atuais exigem uma melhor compreensão desse novo Estado, bem como do seu poder social, da sua finalidade e da sua funcionalidade.

Neste capítulo, você vai ler sobre o Estado contemporâneo, com especial ênfase na questão do poder, da organização e da finalidade desse Estado.

O advento do Estado contemporâneo

Na perspectiva histórica, a evolução do conceito de Estado acompanha o estudo das diferentes épocas da vida em sociedade. Assim, é possível fazermos referência a um Estado presente na Antiguidade e, também, a um Estado na modernidade. De fato, na época moderna, surge uma definição mais precisa de Estado.

Essa, aliás, é a proposta de Jellinek, para quem Estado moderno representa o **apogeu da estrutura jurídica da sociedade política**. Na concepção do célebre autor alemão, a noção de Estado implica, necessariamente, a existência de uma corporação de povo, presente em um determinado território e com poder. Assim, a teoria geral do Estado caracteriza o Estado moderno como sociedade política dotada de elemento subjetivo — o povo — e dois elementos objetivos — o território e o poder (JELLINEK, 1954).

O avanço da história humana conduziu o debate para uma nova época. É a chamada **era contemporânea**, que, apesar do impreciso marco inicial, representa os tempos atuais. Haveria, em razão desse avanço, uma mudança no conceito de Estado. Em outros termos, podemos apresentar um conceito de Estado contemporâneo distinto do Estado moderno. A constatação decorre da inegável crise da estrutura estatal apresentada no século XX. Confira-se, a propósito, a contundente crítica de Darcy Azambuja (2008, p. 157):

> O homem pediu tudo ao Estado; o Estado não lhe deu quase nada. E não deu porque não podia dar. O que se exigiu dele estava muito além do seu poder, ainda quando este fosse incomparavelmente maior do que de fato é. Embalde o Estado se hipertrofiou e os seus órgãos se esfalfaram funcionando. A organização política, que deveria ser um aparelho regulado, seguro e rápido para cumprir com eficiência um objetivo certo e limitado, transformou-se numa engrenagem monstruosa e desconjuntada. Nãos mãos de bons governantes, pouco eficiente; na dos maus, engenho infernal, que em vez de ordem e justiça produz ao funcionar intranquilidade e ruína. Malgrado todos os sacrifícios, todas as leis, todos os órgãos, todos os impostos, todos os consertos e reformas, o Estado moderno não deu nenhum dos bens que inconsideradamente lhe exigiram. E tanto lhe forçaram o maquinismo que ele por fim explodiu na crise em que ainda se debate.

Ainda em construção, o Estado Contemporâneo não desconsidera a crise conceitual que está presente no Estado da atualidade. Nessa linha, a ideia de soberania cede espaço para a questão dos Direitos Humanos, os limites da regulação territorial são questionadas em razão do fluxo de riqueza agora globalizado e, por fim, o próprio povo ganha uma identidade internacional com a reunião de Estados em associações mais amplas (MORAIS; STRECK, 2010).

De todo modo, ainda prevalece a definição apresentada por Jellinek (1954), na qual os elementos essenciais do Estado contemporâneo são o povo, o território e o poder social, também compreendido como soberania. Além disso, alguns destacam o relevante papel da finalidade que deve orientar a atuação estatal. Com efeito, merecem especial a atenção estas duas últimas categorias: poder e finalidade.

> **Saiba mais**
>
> Confira o interessante texto de Inocêncio Mártires Coelho acerca do perfil do Estado contemporâneo no seguinte link:
>
> https://goo.gl/A7JaVy

O poder do Estado

O poder político como elemento do Estado é acepção que ora se confunde com o conceito de soberania e tantas outras vezes é empregado para falsamente autorizar manobras de cunho político realizadas pelo Estado (DALLARI, 2013). Com efeito, a soberania é a base do chamado **Estado moderno**. Esse conceito naturalmente evoluiu para considerar que o poder político do Estado é supremo e independente.

Primeiro, a **soberania** é poder supremo do Estado, no sentido de que é ele o mais alto poder daquela sociedade e, por esse motivo, o último patamar de decisão sobre qualquer norma jurídica. É, pois, a dimensão interna do poder e que demonstra a superioridade do Estado sobre as demais organizações da própria sociedade. Assim, o Estado regula as suas relações internas e elabora as regras observadas pela sociedade.

Segundo, a soberania é poder de independência do Estado, no sentido de que ele não se submete a potências estrangeiras. Assim, o Estado é independente nas suas relações com os demais Estados.

Além da soberania, podem ser destacados alguns outros **traços essenciais do poder político estatal**. São os seguintes:

Imperatividade e natureza integrativa — significa que a participação do indivíduo no Estado a que pertence é obrigatória e inabdicável (BONAVIDES, 2009). Assim, enquanto as demais associações humanas são de participação voluntária, o ingresso na vida social estatal é compulsório para o sujeito. Ainda segundo a imperatividade, o Estado possui o monopólio da coação organizada e incondicionada: as regras de comportamento são por ele impostas e por ele podem ser materialmente cumpridas. É justamente essa imposição material do Estado que revela a sua imperatividade: o poder estatal é irresistível (DALLARI, 2013).

Capacidade de auto-organização — o caráter estatal de uma sociedade política também tem como traço essencial a sua aptidão de autodeterminação. Trata-se da existência de uma autonomia na forma como serão organizados os seus componentes materiais (BONAVIDES, 2009). Essa capacidade revela que o Estado poderá determinar a sua estrutura administrativa e as funções a serem desempenhadas.

Unidade e indivisibilidade — o poder conferido ao Estado é entregue a apenas uma entidade, a qual conduzirá a vida em sociedade. É por essa razão que o poder estatal deve ser considerado ou indivisível. Trata-se de poder que possui apenas um titular: a pessoa que manifesta a expressão concreta do Estado. É assim que "o poder do Estado na pessoa de seu titular é indivisível: a divisão só se faz quanto ao exercício do poder, quanto às formas básicas de atividade estatal" (BONAVIDES, 2009, p. 119). A unidade do poder — agora conferido ao Estado — é uma das grandes conquistas da era moderna, já que, em épocas anteriores, o poder pertencia à pessoa do governante, não ao próprio Estado. Vale registrar, por outro lado, que, para as concepções mais contemporâneas do Estado, a titularidade desse poder pertence, em última análise, ao povo (BONAVIDES, 2009).

Legalidade e legitimidade — apesar de controversos, também poderiam ser considerados traços essenciais do poder estatal. O princípio da legalidade, nesse contexto, significa que todo o poder estatal deve atuar de acordo com as regras jurídicas vigentes. Dito de outro modo, a atuação estatal pressupõe a conformidade com os preceitos jurídicos previamente estabelecidos. Assim, a movimentação do Estado ocorre "respeitando rigorosamente a hierarquia das normas, que vão dos regulamentos, decretos e leis ordinárias até a lei máxima e superior, que é a Constituição" (BONAVIDES, 2009, p. 120). O princípio da legitimidade, por sua vez, informa que o poder estatal deve ser exercido com o consentimento dos seus destinatários. Deve ser, portanto, um poder reconhecido pela sociedade. Desse modo, enquanto a legalidade denota o caráter formal do poder estatal, a legitimidade revela o seu caráter ideológico: trata-se da manifestação de consentimento e obediência dos destinatários (BONAVIDES, 2009).

A aptidão de auto-organização do Estado diz respeito ao poder político no plano interno. Assim, o Estado pode definir como será estruturado. Trata-se de competência que abrange, inclusive, a distribuição de tarefas entre diferentes entes públicos, bem como as escolhas fundamentais sobre a condução interna da sociedade.

> **Exemplo**
>
> No âmbito da auto-organização do Estado, podemos referir a eleição por uma forma de governo republicana ou monárquica e a adoção de um Estado unitário ou federado. Também o sistema de governo é uma escolha decorrente da auto-organização.

A distribuição das tarefas estatais também é um tema relacionado com a sua auto-organização. Assim, na maioria dos Estados Democráticos, as funções do Estado são ramificadas em diferentes instâncias de poder, como, por exemplo, a divisão entre Poder Executivo, Poder Legislativo e Poder Judiciário. A identificação das funções do Estado, entretanto, é dependente de uma prévia reflexão sobre as pretensões dessa comunidade, isto é, as finalidades do Estado.

As finalidades e funções do Estado

Enquanto, para alguns autores, identificar a finalidade do Estado é algo irrelevante para a teoria geral do Estado, porque representaria uma questão meramente política (Kelsen), outros defendem ser impossível um estudo completo sobre a manifestação estatal sem identificar a sua finalidade (Groppali) (DALLARI, 2013). Por outro lado, mesmo aqueles que não consideram a finalidade como elemento essencial do Estado compreendem que se trata de assunto de elevada importância (Jellinek) (DALLARI, 2013). Cumpre, portanto, identificar as principais propostas para o tema e verificar qual é a finalidade do Estado na atualidade.

Sobre o assunto, Dalmo de Abreu Dallari (2013) apresenta um quadro completo das principais classificações em torno da finalidade estatal, as quais serão apresentadas a seguir. A primeira delas diferencia **fins objetivos e fins subjetivos do Estado**:

Fins objetivos — dizem respeito ao papel do Estado ao longo da história humana. Para essa corrente, podem ser identificados alguns fins universais objetivos, isto é, finalidades comuns para todo e qualquer Estado, ou fins particulares objetivos, isto é, interesses particulares de cada Estado em razão das circunstâncias do seu desenvolvimento histórico.

Fins subjetivos — dizem respeito ao papel do Estado com relação ao indivíduo. Assim, como o Estado se desenvolve a partir de ações humanas, é lógico que suas finalidades somente poderiam ser a síntese dos fins individuais, o que explica a existência das instituições estatais e a presença de concepções tão diferentes de Estado em cada época. Em síntese, o Estado nasce e se transforma conforme as finalidades buscadas pelos indivíduos que o compõem.

A segunda classificação registrada diz respeito à amplitude das funções do Estado. Assim, haveria **fins expansivos, fins limitativos e fins relativos**:

Fins expansivos — segundo essa corrente, todos os fins individuais serão, mais cedo ou mais tarde, absorvidos pelas finalidades estatais. Como se percebe, essa doutrina é típica de Estados totalitários e que impedem o pleno desenvolvimento do indivíduo. Duas linhas de pensamento apresentam os fins expansivos do Estado. A primeira é chamada de teoria utilitária, segundo a qual o máximo desenvolvimento material se obtém apenas com o sacrifício da liberdade e de outros valores caros ao ser humano. Vale registrar que alguns incluem o Estado do bem-estar nessa categoria (DALLARI, 2013). A segunda é chamada de teoria ética, que rejeita o utilitarismo e defende a supremacia absoluta de determinados fins éticos do Estado. Para essa teoria, o Estado seria a fonte moral da sociedade, não tolerando condutas contrárias à moralidade por ele estabelecidas. Essa concepção revela um pensamento totalitário, já que conduz a um exagerado moralismo, "que fornece a base para a supremacia absoluta da vontade dos governantes, pois são estes que ditam as regras morais em nome do Estado" (DALLARI, 2013, p. 110).

Fins limitados — segundo essa corrente, a atividade do Estado deve ser reduzida ao mínimo, sem a presença de uma finalidade orientada para a tomada de iniciativa, especialmente na área econômica. Para os adeptos dessa linha de pensamento, as finalidades do Estado devem ser compatíveis com o papel de vigilante da ordem social que é o Estado. Não haveria, portanto, espaço para a intervenção estatal nos temas que dizem respeito estritamente à esfera privada. É em torno dos fins limitados do Estado que surgem as teorias do Estado liberal, que seria vocacionado apenas para a proteção de direitos individuais, em especial, a liberdade, e não deveria interferir na liberdade econômica.

Fins relativos — essa corrente aponta que devemos pensar em uma nova posição entre Estado e indivíduo que considere a necessidade de uma nova atitude entre eles. Funda-se, essencialmente, na ideia de que a vida em sociedade é solidária: as ações humanas seriam de colaboração entre os indivíduos. Assim, o papel do Estado seria conservar, ordenar e ajudar o ser humano a atingir a maior solidariedade possível nas relações humanas. Ainda para essa corrente, não bastaria assegurar a igualdade jurídica, isto é, a igualdade perante a lei. É necessário, além disso, "garantir a igualdade de todos os indivíduos nas condições iniciais da vida social" (DALLARI, 2013, p. 111).

A terceira classificação diferencia **fins exclusivos e fins concorrentes do Estado**:

Fins exclusivos — seriam aquelas finalidades que apenas devem ser de responsabilidade do Estado, como, por exemplo, a segurança externa e interna do indivíduo. Alguns autores denominam de fins essenciais.

Fins concorrentes — seriam aquelas finalidades que podem ser de responsabilidade de outras sociedades, como a sociedade civil. Alguns autores denominam de fins complementares, já que, nesse caso, há uma superposição entre a atuação do Estado e da sociedade civil.

> **Fique atento**
>
> Todas as classificações citadas revelam que existe grande polêmica sobre a extensão das finalidades do Estado. Enquanto, para alguns, o papel do Estado na vida em sociedade deve ser reduzidíssimo, outros professam que o Estado deve atuar para a consecução de todos os interesses individuais. De todo modo, vale registrar que as classificações apontadas buscam debater e explicar as finalidades do Estado sem identificar concretamente o objetivo de uma sociedade política estatal. Com efeito, essa finalidade (a razão da própria existência de um Estado) seria algo variável em cada agrupamento humano.

De qualquer forma, não se pode negar que o Estado representa um meio para que os indivíduos atinjam os seus fins particulares. Essa seria, portanto, a **finalidade geral do Estado**, em postura bem lembrada por Darcy Azambuja: "o Estado é um dos meios pelos quais o homem realiza o seu aperfeiçoamento físico, moral e intelectual. E isso é que justifica a existência do Estado" (AZAMBUJA, 2008, p. 146). O atingimento dos fins particulares de cada uma representa, em última análise, a busca do bem comum, compreendido como o conjunto das condições de vida social que consintam e favoreçam o desenvolvimento integral da personalidade humana. A busca do bem comum para cada povo, em cada território soberano, demonstra a existência de diferença entre as finalidades da sociedade humana e de alguma sociedade política estatal específica (DALLARI, 2013).

A identificação da finalidade do Estado contribui, de forma significativa, para identificar as suas funções ou competências. De fato, é a partir dos objetivos estatais que podemos identificar as formas para a consecução desses fins. Surge, assim, um interessante debate sobre as funções do Estado.

> **Exemplo**
>
> No Brasil, a Constituição Federal expressamente traça os objetivos do Estado no seu art. 3º: "Constituem objetivos fundamentais da República Federativa do Brasil: I — construir uma sociedade livre, justa e solidária; II — garantir o desenvolvimento nacional; III — erradicar a pobreza e a marginalização e reduzir as desigualdades sociais e regionais; IV — promover o bem de todos, sem preconceitos de origem, raça, sexo, cor, idade e quaisquer outras formas de discriminação".

Para Darcy Azambuja, o atingimento do bem comum depende da realização de duas atividades pelo Estado. A primeira seria a proteção do indivíduo e, portanto, estaria relacionada com a segurança, a ordem e a paz. A segunda seria a promoção do indivíduo e, portanto, estaria relacionada com o progresso, o avanço civilizatório e o aperfeiçoamento.

Quanto à **proteção do indivíduo**, haveria concordância sobre a necessidade de segurança interna e externa. Assim, caberia ao Estado a defesa de agressões exteriores e interiores, com a manutenção de serviços públicos específicos, como exército, marinha, diplomacia, administração interna da justiça, polícia interna, administração, entre outros.

Quanto à **promoção do indivíduo**, o conteúdo da atuação estatal enseja acesa polêmica, já que é discutível até onde pode o Estado interferir nas relações privadas para atingir essa finalidade. Sobre essa função estatal, poderiam ser registradas três correntes:

Teoria abstencionista — defende que o Estado deve limitar a sua atuação à manutenção da ordem, sem qualquer interferência na iniciativa individual. Assim, o Estado não deve interferir na vida social, garantido apenas aos seus indivíduos a liberdade de profissão, liberdade de trabalho, liberdade de comércio, entre outras (AZAMBUJA, 2008). Essa teoria equivale ao chamado Estado liberal do século XVIII até fins do século XIX.

Teoria socialista — baseia-se na intervenção do Estado em todas as matérias. Assim, o Estado deve fornecer tudo o que o indivíduo necessita, por meio de uma socialização dos bens materiais e morais da sociedade. Nessa perspectiva, caberia ao Estado a produção e a circulação de bens consumíveis pelo indivíduo. No extremo, essa corrente equivale à abolição da propriedade privada em detrimento dos bens coletivos e de um pensamento social homogêneo. Equivale ao Estado socialista, de duvidosa existência histórica e questionável possibilidade concreta.

Teoria eclética — agrega elementos de ambas as correntes anteriores para seguir um caminho intermediário. A síntese de Darcy Azambuja merece referência: "Nem deixar de fazer, como queriam as teorias abstencionistas, nem fazer, como querer as outras, mas sim ajudar a fazer, eis o modo de o Estado atingir os seus fins" (AZAMBUJA, 2008, p. 154). Como se percebe, para essa corrente, o Estado não é apenas um defensor das liberdades individuais, mas também um auxiliar da iniciativa privada para variadas funções. Assim, a função do Estado seria supletiva e complementar em relação à iniciativa privada, auxiliando-a na realização do progresso e da civilização (AZAMBUJA, 2008). Essa teoria equivale, em certo sentido, ao Estado social do século XXI, destinado à proteção do indivíduo e, também, à prestação de serviços públicos essenciais.

Apesar de tantas teorias sobre as funções do Estado, desde a Antiguidade, já se fala sobre os limites dessa atuação. Assim, Aristóteles já apontava que era perigoso atribuir a apenas um indivíduo o exercício do poder, razão pela qual, inclusive por questões de ordem prática, seria difícil que apenas um homem antevisse tudo o que nem mesmo a legislação seria capaz de antecipar. A partir do século XIV, é intensificado o debate sobre os limites da atuação estatal e a necessidade de distribuição de suas tarefas entre órgão distintos (DALLARI, 2013).

A teoria da separação dos poderes, difundida pelo pensamento de Montesquieu, predomina a partir do século XVIII. Segundo proposto pelo autor, "quando na mesma pessoa ou no mesmo corpo de magistratura o poder Legislativo está reunido ao Poder Executivo, não há liberdade, pois que se pode esperar que esse monarca ou esse senado façam leis tirânicas para executá-las tiranicamente" (DALLARI, 2013, p. 214). A teoria passa a ser adotada em praticamente todos os Estados Democráticos do período. É, portanto, mais um traço essencial do chamado Estado liberal. Além disso, está presente na Declaração dos Direitos do Homem e do Cidadão de 1789, cujo art. XVI estabelece o seguinte: "Toda sociedade na qual a garantia dos direitos não está assegurada, nem a separação dos poderes determinada, não tem Constituição" (DECLARAÇÃO..., [2000?]).

Podemos observar a consagração da separação de poderes tal como presente até os dias de hoje na Constituição dos Estados Unidos da América de 1787. Nela, as funções do Estado são divididas em três poderes: Executivo, Legislativo e Judiciário. Além disso, existem regras que permitem a limitação de um poder pelos demais, que é o chamado **sistema de freio e contrapesos**, destinado a garantir a harmonia entre todas as funções (MORAIS; STRECK, 2010). Merece destaque o papel de cada um desses poderes:

Poder Legislativo — é a função do Estado destinada à elaboração de normas gerais e abstratas que permitem uma inovação na ordem jurídica.

Poder Executivo — é a função do Estado destinada à concretização das normas jurídicas, mediante atuação governamental (decisões políticas) e atuação administrativa, com a intervenção, o fomento e a prestação de serviços públicos essenciais.

Poder Judiciário — é a função do Estado destinada à resolução de conflitos e solução de controvérsias jurídicas com autoridade e insuscetível de controle externo.

A separação dos poderes tem por fundamento precípuo a **desconcentração do poder político**. Trata-se, portanto, de mais um instrumento de proteção da liberdade do indivíduo em face do Estado (DALLARI, 2013). Mas ela também se justifica por razões de ordem prática: a divisão de tarefas proporciona maior eficiência nas atividades realizadas pelo Estado.

O aumento na complexidade da sociedade contemporânea, com inúmeras contingências alheias ao pensamento do século XVIII, acentuou a crítica ao modelo tradicional de separação dos poderes, razão pela qual, na atualidade, já podemos destacar duas mudanças relevantes. A primeira diz respeito aos **limites de cada função**. Assim, o mais correto seria considerar a existência de funções predominantes, de sorte que os demais poderes também poderiam exercer funções típicas de outros. A segunda crítica diz respeito ao **relacionamento entre os poderes**, que não atuam mais de forma isolada, mas sim em regime de mútua colaboração (MORAIS; STRECK, 2010).

Por fim, vale registrar que a Constituição brasileira adota o sistema de separação de poderes ora mencionado. Assim, estabelece o art. 2º da Constituição Federal de 1988: "São Poderes da União, independentes e harmônicos entre si, o Legislativo, o Executivo e o Judiciário" (BRASIL, 1988).

Fique atento

No Brasil, é adotada a teoria da separação dos poderes por expressa previsão constitucional. Trata-se, porém, de um modelo atenuado, já que existem funções típicas para cada poder, além de funções atípicas para cada poder. É o que ocorre, por exemplo, com a atribuição do Senado para processar e julgar, nos crimes de responsabilidade, alguns agentes públicos, como ocorre com o Presidente da República.

Referências

AZAMBUJA, D. *Teoria geral do Estado*. 4. ed. São Paulo: Globo, 2008.

BONAVIDES, P. *Ciência política*. 16. ed. São Paulo: Malheiros, 2009.

BRASIL. Constituição (1988). *Constituição da República Federativa do Brasil*. Brasília, DF: Senado Federal, 1988.

DALLARI, D. de A. *Elementos de teoria geral do Estado*. 32. ed. São Paulo: Saraiva, 2013.

DECLARAÇÃO dos direitos do homem e do cidadão de 1789. [2000?]. Disponível em: <http://pfdc.pgr.mpf.mp.br/atuacao-e-conteudos-de-apoio/legislacao/direitos-humanos/declar_dir_homem_cidadao.pdf>. Acesso em: 27 set. 2017.

JELLINEK, G. *Teoria general del Estado*. Buenos Aires: Albatros, 1954.

MORAIS, J. L. B. de; STRECK, L. L. *Ciência política e teoria do Estado*. 7. ed. Porto Alegre: Livraria do Advogado 2010.

Leituras recomendadas

BOBBIO, N. *Estado, governo, sociedade, para uma teoria geral da política*. 14. ed. São Paulo: Paz e Terra S/A, 2007.

CHEVALLIER, J. *O Estado pós-moderno*. Belo Horizonte: Fórum, 2009.

DIAS, R. *Ciência política*. 2. ed. São Paulo: Atlas, 2013.

O Estado na ordem internacional

Objetivos de aprendizagem

Ao final deste texto, você deve apresentar os seguintes aprendizados:

- Identificar a importância da soberania no âmbito internacional.
- Diferenciar soberania e autonomia estatal.
- Explicar a relação do Estado com entidades não governamentais no plano internacional.

Introdução

A existência de diversos Estados soberanos confirma a presença de uma comunidade internacional. O estudo do Estado contemporâneo, portanto, exige uma compreensão das relações entre os Estados a partir da sua soberania, bem como permite distinguir soberania e autonomia estatais. Além disso, desponta na ordem do dia a identificação dos demais protagonistas da ordem internacional.

Neste capítulo, você vai ler a respeito da importância da soberania no âmbito internacional e da diferença existente entre esta e a autonomia estatal. Além disso, analisará os principais sujeitos que se relacionam com o Estado na ordem internacional.

Soberania no âmbito internacional

O avanço do Estado moderno implicou o reconhecimento de que a noção de Estado é dependente de uma **relação de poder**. Com efeito, o poder político é elemento essencial do conceito de Estado, de sorte que não há Estado sem poder político. O poder político de um Estado, por seu turno, deve ser supremo no plano interno e independente no plano externo. O estudo do poder político do Estado equivale, portanto, ao estudo da sua soberania.

A afirmação do poder político do Estado se revela transcendental para compreender as relações de um Estado com outros Estados. Aliás, foi no contexto de debate sobre os limites do poder de um soberano em face de outro que surgiram as primeiras definições de soberania. Assim, Jean Bodin destacou a **soberania** como poder absoluto e perpétuo da República, isto é, do Estado. Enquanto poder absoluto, ela não poderia ser limitada por qualquer outro poder ou cargo estabelecido pelo homem; como poder perpétuo, a soberania não poderia ser limitada no tempo. Por fim, ainda que não mencionada expressamente, alguns reconhecem que já no autor do *Les Six Livres de la République* seria possível identificar a ideia segundo a qual o titular da soberania estaria acima do direito interno e livre para tomar decisões no plano internacional (DALLARI, 2013).

O tema também foi trabalhado por Hugo Grotius na obra *De jure belli ac pacis* (1625). Com ele, a soberania é alçada ao supremo poder político exercido por uma pessoa determinada, cujos atos são indiscutivelmente legais para qualquer indivíduo. Com efeito, Hugo Grotius apresentou "um sistema de direitos e obrigações jurídicas, que são aplicáveis às relações entre os Estados, sob a proteção e sanção do direito natural, num tempo em que haviam desaparecido a unidade europeia e a proteção religiosa de uma moral universal" (DIAS, 2013, p. 134).

A partir do século XIX, surge uma preocupação em apresentar o caráter jurídico da soberania. Há, em razão disso, uma evolução do conceito que, no momento anterior, revelava claro caráter político. Assim, na perspectiva jurídica, a soberania surge como o poder de decidir, em última instância, sobre as normas jurídicas e a sua eficácia. Ela é poder jurídico que visa fins jurídicos.

Fique atento

Em termos teóricos, como a noção de ordenamento jurídico é a mesma para todos os Estados, haveria uma igualdade jurídica entre Estados soberanos: todos estariam, no patamar internacional, no mesmo degrau. Essa constatação teórica, porém, não se revela plenamente correta na prática das relações internacionais.

Assim, apesar de todas as restrições teóricas e políticas, o reconhecimento de um Estado no cenário internacional "não obedece a uma regulação jurídica precisa, ficando na dependência da comprovação de possuir soberania"

(DALLARI, 2013, p. 259). Ocorre que a soberania, na perspectiva jurídica, representa a ausência de outra instância de poder superior, elemento apenas identificável em uma situação de fato (e não de direito) (MORAIS; STRECK, 2010). Há, portanto, um sério problema de reconhecimento da soberania na perspectiva global: *como identificar o momento em que uma sociedade política organizada pode ser considerada soberana?*

A questão é realmente problemática e gera controvérsia. Para alguns, a soberania deveria ser reconhecida apenas para aqueles Estados que possuem condições de impor a sua vontade (DALLARI, 2013). Já, para outros, o reconhecimento da soberania dependeria da observância das regras estabelecidas pela própria comunidade internacional sobre o assunto. Ocorre que, à luz do Direito internacional, o reconhecimento de um Estado por outro é ato unilateral e meramente declaratório, que implica a aceitação, daquele que reconheceu, da condição de sujeito de Direito internacional, do Estado reconhecido (MAZZUOLI, 2014). Não é, portanto, o reconhecimento da soberania de um Estado no plano internacional que ocasiona o seu autêntico surgimento. Vale registrar, ainda que vigente apenas entre Estados da América, a Convenção de Montevidéu sobre os Direitos e Deveres dos Estados (1933):

> Art. 3º A existência política do Estado é independente do seu reconhecimento pelos demais Estados. Ainda antes de reconhecido, tem o Estado o direito de defender sua integridade e independência, prover a sua conservação e prosperidade, e conseguintemente, organizar-se como achar conveniente, legislar sobre seus interesses, administrar seus serviços e determinar a jurisdição e competência dos seus tribunais (BRASIL, 1937).

No mesmo sentido, a Carta das Nações Unidas (BRASIL, 1945) estabelece alguns princípios básicos para os seus membros, que confirmam a necessidade de tratamento igualitário e pacífico entre Estados dotados de soberania:

> Artigo 1 Os propósitos das Nações Unidas são:
> 1. Manter a paz e a segurança internacionais e, para esse fim: tomar, coletivamente, medidas efetivas para evitar ameaças à paz e reprimir os atos de agressão ou outra qualquer ruptura da paz e chegar, por meios pacíficos e de conformidade com os princípios da justiça e do direito internacional, a um ajuste ou solução das controvérsias ou situações que possam levar a uma perturbação da paz;
> 2. Desenvolver relações amistosas entre as nações, baseadas no respeito ao princípio de igualdade de direitos e de autodeterminação dos povos, e tomar outras medidas apropriadas ao fortalecimento da paz universal;
> 3. Conseguir uma cooperação internacional para resolver os problemas internacionais de caráter econômico, social, cultural ou humanitário, e para promover

e estimular o respeito aos direitos humanos e às liberdades fundamentais para todos, sem distinção de raça, sexo, língua ou religião; e
4. Ser um centro destinado a harmonizar a ação das nações para a consecução desses objetivos comuns.

Artigo 2 A Organização e seus Membros, para a realização dos propósitos mencionados no Artigo 1, agirão de acordo com os seguintes Princípios:
1. A Organização é baseada no princípio da igualdade de todos os seus Membros.
2. Todos os Membros, a fim de assegurarem para todos em geral os direitos e vantagens resultantes de sua qualidade de Membros, deverão cumprir de boa-fé as obrigações por eles assumidas de acordo com a presente Carta.
3. Todos os Membros deverão resolver suas controvérsias internacionais por meios pacíficos, de modo que não sejam ameaçadas a paz, a segurança e a justiça internacionais.
4. Todos os Membros deverão evitar em suas relações internacionais a ameaça ou o uso da força contra a integridade territorial ou a dependência política de qualquer Estado, ou qualquer outra ação incompatível com os Propósitos das Nações Unidas.
5. Todos os Membros darão às Nações toda assistência em qualquer ação a que elas recorrerem de acordo com a presente Carta e se absterão de dar auxílio a qual Estado contra o qual as Nações Unidas agirem de modo preventivo ou coercitivo.
6. A Organização fará com que os Estados que não são Membros das Nações Unidas ajam de acordo com esses Princípios em tudo quanto for necessário à manutenção da paz e da segurança internacionais.
7. Nenhum dispositivo da presente Carta autorizará as Nações Unidas a intervirem em assuntos que dependam essencialmente da jurisdição de qualquer Estado ou obrigará os Membros a submeterem tais assuntos a uma solução, nos termos da presente Carta; este princípio, porém, não prejudicará a aplicação das medidas coercitivas constantes do Capítulo VII.

Apesar da tentativa de positivação no plano internacional, o reconhecimento da soberania de um Estado ainda é dependente da livre manifestação de outro sujeito de Direito internacional, o que revela o caráter discricionário e realmente não regulamentado da questão. Aliás, conforme Dalmo de Abreu Dallari, observamos que "tecnicamente, os Estados vivem em situação de anarquia, pois, embora exista uma ordem jurídica em que todos se integram, não existe um órgão superior de poder, a que todos se submetam" (DALLARI, 2013, p. 260).

Conquanto problemático, o reconhecimento da soberania de um Estado no plano internacional produz relevantes consequências (MAZZUOLI, 2014). É apenas pelo reconhecimento da comunidade internacional que um Estado se torna sujeito de direito no plano internacional. A partir disso, poderá ser titular de relações jurídicas (MAZZUOLI, 2014), como, por exemplo, celebrar tratados, manter relações diplomáticas e participar de organizações internacionais. Reconhecida a soberania de um Estado, todo o sistema de proteção internacional se torna acessível. Assim, por exemplo, um novo Estado poderia buscar a sua adesão às Nações Unidas ou outras organizações internacionais. Além disso, caso adira à Convenção de Montevidéu, antes mencionada, poderá se valer de todos os direitos inerentes aos pactuantes.

A soberania de um Estado, quando reconhecida pela comunidade internacional, também implica a necessidade de observância do Direito costumeiro em relação àquele Estado, bem como a necessidade de observância dos princípios de Direito internacional, como o tratamento igualitário, a não intervenção, a autodeterminação dos povos, a solução pacífica das controvérsias internacionais e a proibição da ameaça ou do uso da força (MAZZUOLI, 2014).

> **Fique atento**
>
> O reconhecimento da soberania de um Estado por outro é ato discricionário do Estado que vai reconhecer.

Soberania e autonomia estatal

A existência de poder político, porém, nem sempre implica a presença de um Estado soberano. Conforme destacado por Marcello Caetano, a soberania é o poder político na sua forma plena, ou seja, poder político supremo e independente. Para ele, se uma certa coletividade tem liberdade plena de escolher a sua organização e pode se orientar no sentido que bem lhe parecer, elaborando leis que considere convenientes, essa coletividade forma um Estado soberano. Ocorre que, em determinados casos, é possível existir uma organização interna livre em determinados Estados sem que essa mesma liberdade represente soberania (CAETANO; TELES, 1972).

> **Fique atento**
>
> Em outras palavras, há casos em que o poder político de uma sociedade é organizado de tal forma que, mesmo sem soberania, existirá uma margem de liberdade na organização daquele agrupamento.

A forma assumida pelo Estado, portanto, ocasiona uma nova reflexão sobre a soberania e permite diferenciá-la da mera autonomia estatal. Nesse sentido, Marcello Caetano lembra que, nos Estados federados e nos Estados protegidos, não há que se falar em soberania, mas apenas em poder político vinculado a um outro poder superior. No primeiro caso, a União; no segundo, o Estado protetor (CAETANO; TELES, 1972). Na atualidade, porém, a primordial diferença diz respeito à forma do Estado. Nesse aspecto, podem ser diferenciadas duas formas de Estado: o Estado federal e o Estado unitário.

Inicialmente, a forma unitária se faz presente quando o Estado possui apenas um poder político central, que é o núcleo de toda a sua atuação e organização. Já a forma federativa se caracteriza pela conjugação de vários centros de poder político com autonomia, mas vinculados por um pacto jurídico inafastável (DALLARI, 2013). Para melhor compreender o Estado federal e os limites da sua soberania, cumpre perquirir acerca da sua origem histórica e identificar, com mais clareza, as suas características essenciais.

Apesar de alguns antecedentes históricos, o Estado federal, apesar da inspiração grega, surgiu no Estado moderno (BONAVIDES, 2009), com a Constituição dos Estados Unidos da América (EUA) em 1787 (DALLARI, 2013). Vale lembrar que, em 1776, as 13 colônias britânicas da América declararam independência. A partir disso, tornaram-se 13 Estados soberanos, com organização própria e adequada delimitação geográfica. Alguns anos depois, os 13 Estados celebraram um tratado internacional de aliança, para que pudessem realizar algumas ações conjuntas (notadamente com o objetivo de assegurar a independência recém-adquirida). Formou-se, assim, um pacto de mútuo auxílio que estabelecia uma confederação norte-americana, com a assinatura dos Artigos da Confederação em 1781 (DALLARI, 2013). O tratado em comento, aliás, expressamente assentava que cada Estado era soberano, livre e independente.

Com o tempo, a prática demonstrou que os laços confederados não eram intensos o suficiente para garantir a eficácia dos seus propósitos. Assim, houve uma nova convenção entre os representantes dos Estados para que fossem propostas mudanças no pacto anterior. Na chamada Convenção da Filadélfia, em 1787, os presentes se dividiram em duas correntes de pensamento. Para o primeiro grupo, deveria ocorrer uma mera revisão dos Artigos da Confederação. Para o segundo grupo, deveria ocorrer uma reestruturação na organização política dos Estados, com a formação de um governo ao qual todos os Estados estariam submetidos (DALLARI, 2013).

Com intenso debate sobre o assunto, acabou prevalecendo a segunda posição: deveria ocorrer uma reformulação do pacto entre os Estados, com a submissão de todos a um governo central apto a concentrar algumas competências e realizar a gestão de algumas atividades específicas. Por outro lado, os Estados continuariam com amplos poderes políticos e jurídicos sobre o seu território. Nessa mescla de centralização e liberdade, surgia o primeiro Estado federal, isto é, os EUA.

No Estado federal, portanto, existem duas figuras distintas. Primeiro, um ente responsável pelo governo central e por atribuições aplicáveis a todos os participantes dessa federação. É frequentemente chamado de **União**, como, aliás, ocorre nos EUA e no Brasil. Segundo, existem governos livres e autônomos que integram a reunião federativa. São os **Estados-membros** (BONAVIDES, 2009).

As **características fundamentais do Estado federal** são as seguintes:

Existe apenas um Estado soberano — na forma federativa, o surgimento da União cria um novo Estado, fruto da reunião dos Estados anteriores. Estes, por sua vez, perdem a sua independência no que tange às suas relações internacionais. Assim, os Estados-membros abdicam da sua soberania em detrimento da união ocorrida, e somente será soberano o Estado surgido com a união dos Estados anteriores. Com efeito, "pelo próprio conceito de soberania se verifica ser impossível a coexistência de mais de uma soberania no mesmo Estado, não tendo, portanto, qualquer consistência a pretensão de que as unidades federadas tenham soberania limitada ou parcial" (DALLARI, 2013, p. 254). Assim, majoritariamente entendemos que a expressão Estado-membro conferida à unidade da federação é apenas um artifício, já que, na verdade, não são mais Estados (DALLARI, 2013). O monopólio da personalidade internacional fica com o Estado federal (BONAVIDES, 2009). Essa característica também revela que a cidadania é vínculo jurídico que se dá apenas com o Estado federal e não com os Estados-membros (DALLARI, 2013).

Impossibilidade de secessão — a forma federativa é idealizada para perdurar. Assim, diferentemente do que ocorre com uma confederação, no Estado federal, não há direito de secessão para os seus integrantes. Assim, um Estado-membro não poderá se retirar da União a que aderiu por meios legais (DALLARI, 2013).

Distribuição constitucional de competências — a forma federativa tem a sua base jurídica em uma Constituição e não em um tratado passível de discordância pelos que irão aderir aos seus termos (denúncia). A Constituição do Estado federal assume relevância ímpar não apenas por representar o fundamento jurídico de validade da organização política, o cimento jurídico da supremacia (BONAVIDES, 2009), mas também por implicar a distribuição de competências desse Estado. Assim, é o Texto Constitucional que fixará os limites de atuação legítima da União e dos Estados-membros (DALLARI, 2013).

Compartilhamento do poder político entre os entes federados — outra característica essencial do Estado federal é que haverá um espaço de poder político destinado a cada ente federado. Assim, é possível que cada unidade federada possua um governo próprio, com regras jurídicas próprias e compatíveis com os interesses locais. Nesse sentido, cada membro da federação possui autonomia administrativa (quanto à máquina burocrática do governo) e autonomia legislativa (quanto à elaboração de suas próprias leis). Trata-se, porém, de autonomia limitada, já que a atuação da unidade da federação sempre estará vinculada à Constituição do Estado federal.

As características citadas evidenciam a diferença entre soberania estatal e autonomia estatal. A **soberania** é elemento que se relaciona com o poder político supremo e independente do Estado e confirma a aptidão desse Estado para contrair relações jurídicas no plano internacional. O Estado soberano goza da condição de igualdade perante outros Estados soberanos. Já a **autonomia** é característica que se relaciona com a organização interna do Estado e poderá estar presente caso seja adotada a forma federativa. Quando há autonomia estatal, isso significa que os membros da federação possuem liberdade para organizar a sua máquina administrativa e elaborar as leis de sua competência, sempre observando os limites estabelecidos pela Constituição do Estado federal. Por essa razão, *um Estado-membro pode ser dotado de ampla autonomia, mas jamais será soberano.*

Há grande relevância prática na diferença, já que apenas Estados com soberania são considerados sujeitos de Direito internacional com aptidão jurídica para contrair relações no âmbito internacional. Aliás, o tema das relações internacionais entre o Estado e outros atores do cenário internacional também merece reflexão mais detalhada.

Exemplo

O Brasil é um Estado federal. Assim como a maioria dos Estados federais, o Brasil adota um pacto constitucional, isto é, a existência de uma lei maior que, além de atribuir direitos e limitar o próprio Estado, distribui funções entre diferentes entes públicos. Trata-se da Constituição Federal promulgada em 1988, quando houve a abertura democrática. No modelo brasileiro, a federação é composta de quatro figuras diferentes: União, Estados, Distrito Federal e municípios.

As relações internacionais do Estado

Uma das grandes inovações no que diz respeito ao Estado contemporâneo é a valorização do **Direito internacional**. De fato, se antes cada Estado conseguia resolver, de forma isolada, as suas controvérsias, no século XXI, é necessário que haja um constante diálogo não apenas entre os Estados, mas também entre Estados e outros sujeitos do globo. De fato, após a Segunda Guerra, vimos uma escalada no surgimento de organizações internacionais (DALLARI, 2013). Já em épocas mais recentes, a valorização da proteção dos direitos humanos e a aproximação do Estado com a sociedade civil permitiram a ascensão de entidades não governamentais (ONGs) no plano internacional.

Desse modo, é importante identificarmos as principais pessoas de Direito internacional que estabelecem relações com o Estado. Vale lembrar, antecipadamente, que a personalidade jurídica internacional é a aptidão para titularizar direitos e obrigações perante a ordem internacional (MAZZUOLI, 2014). Os seguintes sujeitos merecem destaque:

Outros Estados — assumindo que o Estado é formado pela conjugação dos elementos clássicos (povo, território e soberania), sempre que tais elementos estiverem presentes, é possível o relacionamento entre Estados, até porque é inerente à soberania essa possibilidade. Nesse sentido, a Convenção de Montevidéu sobre Direitos e Deveres dos Estados estabelece que um Estado é pessoa de Direito internacional quando possui população permanente, território determinado, governo e capacidade de entrar em relações com outros Estados (art. 1º).

Organizações internacionais — são os entes criados pela vontade dos Estados por um tratado constitutivo, com aparelho institucional permanente para alcançar determinadas finalidades (MAZZUOLI, 2014).

Indivíduo — um dos principais debates da atualidade diz respeito a considerar a pessoa natural como sujeito de Direito internacional. Há bons argumentos para ambos os lados (MAZZUOLI, 2014). Aqueles favoráveis levantam que alguns tratados regulam diretamente as relações individuais, atribuindo direitos. Além disso, cabe destacarmos que muitas cortes internacionais aceitam a postulação dessas pessoas, como ocorre com a Comissão Interamericana de Direitos Humanos. Ainda, a pessoa natural pode responder criminalmente em cortes internacionais, como, por exemplo, perante o Tribunal Penal Internacional (TPI).

ONGs — são entidades privadas sem fins lucrativos que atuam em áreas de interesse público, inclusive em algumas funções que tradicionalmente seriam do Estado (MOURA, 2015). A partir do século XX, as ONGs passaram a desempenhar relevante papel no cenário internacional. Elas promovem a aplicação das normas internacionais em várias áreas, como nas questões relacionadas a direitos humanos, proteção do meio ambiente e Direito humanitário. Além disso, a análise feita por ONGs sobre os acontecimentos na sociedade internacional frequentemente contribui para a expansão e realização das normas internacionais. Já se admite, inclusive, que algumas ONGs opinem em determinados temas e postulem perante cortes internacionais.

O papel crescente das ONGs no relacionamento com os Estados soberanos merece especial atenção da teoria geral do Estado em uma perspectiva contemporânea. Já são inúmeras as organizações que assumem protagonismo, causando verdadeiras mudanças de pensamento por meio de intervenções perante os demais sujeitos de Direito internacional. São exemplos de ONGs de importância na atualidade: o Comitê Olímpico Internacional (COI), o World Wide Fund for Nature (WWF), o Greenpeace, a Human Rights Watch, a Anistia Internacional e os Médicos Sem Fronteiras (MSF).

Link

Confira a entrevista de Salil Shetty, Secretário Geral da Anistia Internacional, no link a seguir ou no código ao lado:

https://goo.gl/tB5CfZ

Referências

BONAVIDES, P. *Ciência política*. 16. ed. São Paulo: Malheiros, 2009.

BRASIL. *Decreto nº 1.570, de 13 de abril de 1937*. Promulga as Convenções sobre direitos e deveres dos Estados e sobre Asilo político, assinadas em Montevidéo a 26 de dezembro de 1933, por ocasião da Sétima Conferencia internacional americana. 1937. Disponível em: <http://www.planalto.gov.br/ccivil_03/decreto/1930-1949/d1570.htm>. Acesso em: 27 set. 2017.

BRASIL. *Decreto nº 19.841, de 22 de outubro de 1945*. Promulga a Carta das Nações Unidas, da qual faz parte integrante o anexo Estatuto da Corte Internacional de Justiça, assinada em São Francisco, a 26 de junho de 1945, por ocasião da Conferência de Organização Internacional das Nações Unidas. 1945. Disponível em: <http://www.planalto.gov.br/ccivil_03/decreto/1930-1949/d19841.htm>. Acesso em: 27 set. 2017.

CAETANO, M. J. das N. A.; TELES, M. G. (Colab.). *Manual de ciência política e Direito constitucional*. 6. ed. Lisboa: Coimbra Ed., 1972.

DALLARI, D. de A. *Elementos de teoria geral do Estado*. 32. ed. São Paulo: Saraiva, 2013.

DIAS, R. *Ciência política*. 2. ed. São Paulo: Atlas, 2013.

MAZZUOLI, V. de O. *Curso de Direito internacional público*. 8. ed. São Paulo: Revista dos Tribunais, 2014.

MORAIS, J. L. B. de; STRECK, L. L. *Ciência política e teoria do Estado*. 7. ed. Porto Alegre: Livraria do Advogado, 2010.

MOURA, L. D. As organizações não-governamentais de proteção ao meio ambiente: a influência sobre o Direito internacional e sobre a efetividade da proteção ambiental. In: CONGRESSO NACIONAL DO CONPEDI, 24., 2015, Belo Horizonte. *Anais...* Belo Horizonte, 2015.

Leituras recomendadas

AZAMBUJA, D. *Teoria geral do Estado*. 4. ed. São Paulo: Globo, 2008.

CARESIA. G. *Ongs internacionais personalidade jurídica, autorização para funcionamento no brasil e atuação no sistema das nações unidas*. [2010?]. Disponível em: <http://www.egov.ufsc.br/portal/sites/default/files/anexos/32424-39161-1-PB.pdf>. Acesso em: 27 set. 2017.

JELLINEK, G. *Teoria general del Estado*. Buenos Aires: Albatros, 1954.

TORRONTEGUY, M. A. A.; DALLARI; S. G. O Papel das organizações não-governamentais na cooperação internacional em saúde pública. *Saude soc.*, São Paulo, v. 21, n. 2, 2012. Disponível em: <http://www.producao.usp.br/bitstream/handle/BDPI/39459/S0104-12902012000200006.pdf?sequence=1>. Acesso em: 27 set. 2017.

Estado e democracia

Objetivos de aprendizagem

Ao final deste texto, você deve apresentar os seguintes aprendizados:

- Conceituar o que é democracia.
- Diferenciar democracia direta, semidireta e representativa.
- Demonstrar a crise na democracia atual.

Introdução

Não há Estado sem um correspondente regime de governo. Para suprir uma lacuna a esse respeito, a partir do século XVIII, difundiu-se o regime democrático. Assim, cumpre perquirir acerca da democracia, o seu conceito e as suas espécies, bem como refletir sobre as suas reais possibilidades de concretização no Estado contemporâneo.

Neste capítulo, você vai ler a respeito da democracia em suas múltiplas facetas, passando pela dimensão conceitual e histórica. Vai também diferenciar democracia direta, semidireta e representativa, bem como analisar a crise na democracia atual.

A democracia do passado

Enquanto organização política, o Estado se apresenta por meio de variados regimes de governo diferentes. Com efeito, o tema das formas de governo suscita polêmica desde a Antiguidade. Com o advento do Estado moderno, entretanto, a ideia de democracia se sedimenta e permite a afirmação de alguns valores fundamentais, como a noção de governo do povo, que jaz na essência dessa expressão. A presença de um Estado democrático na acepção atual, porém, possui as suas raízes no século XVIII e não desconsidera as influências do passado (DALLARI, 2013).

Na Antiguidade, o Estado grego vivenciou a democracia em termos práticos e teóricos. No plano teórico, Aristóteles destacou, na sua insuperável reflexão sobre as espécies de governo, que poderia caber a um só indivíduo, a um grupo de sujeitos ou a toda uma coletividade. Organizou-se, então, a distinção entre monarquia, aristocracia e democracia.

Para o pensamento grego, entretanto, a noção de cidadania era restrita, de modo que, mesmo em uma democracia, o governo não seria entregue a toda a população. Na concepção de Aristóteles, "a virtude política, que é a sabedoria para mandar e obedecer, só pertence àqueles que não têm necessidade de trabalhar para viver, não sendo possível praticar-se a virtude quando se leva a vida de artesão ou de mercenário" (DALLARI, 2013, p. 146). A crítica moderna ao modelo democrático grego decorreu justamente da presença da escravidão, já que pressupunha um grande grupo de sujeitos que não participariam da vida política (BONAVIDES, 2009).

O mais célebre exemplo de democracia exercida na Antiguidade fica com a Atenas de Péricles e historiada por Tucídides, no Livro II da História da Guerra do Peloponeso. A partir desse relato, é possível identificar a presença de um governo em que a democracia é louvada (MOREIRA, 1997). Esse cenário histórico revela algumas características da democracia antiga: a liberdade de opinião ou expressão (isagoria), a igualdade de todos perante a lei, sem diferença de grau, classe ou riqueza (isonomia), e o livre acesso de todos ao exercício das funções públicas (isotimia) (BONAVIDES, 2009).

Com efeito, "a referência à pratica da democracia em algumas cidades gregas, em breves períodos, seria insuficiente para determinar a preferência pela democracia, que se afirmou a partir do século XVIII em todo o hemisfério ocidental, atingindo depois o restante do mundo" (DALLARI, 2013, p. 146).

> **Fique atento**
>
> Foi necessário, assim, um intenso debate de contestação ao poder concentrado nas mãos de poucos para que o discurso sobre a democracia ganhasse fôlego, o que, de fato, ocorreu. Novamente, contribuições teóricas e situações concretas permitiram o advento do Estado democrático.

Assim, no plano teórico, o pensamento de Rousseau, valorizando a vontade geral, ainda que cético quanto à possibilidade de um governo democrático, só não foi mais importante do que o ideário de Locke. Com ele, afirmaram-se direitos naturais e a importância de um poder legislativo sempre sujeito ao povo. Nessa ordem de pensamento, a comunidade mantém o poder de se salvaguardar dos governantes e até mesmo do legislador. Além disso, "quem detiver o poder legislativo ou o poder supremo de qualquer comunidade, obriga-se a governá-la mediante leis estabelecidas, promulgadas e conhecidas do povo, e não por meio de decretos que surpreendam o povo" (DALLARI, 2013, p. 148).

Não faltaram também situações concretas que colaboraram, de forma determinante, para a valorização da democracia. Assim, a Revolução Inglesa testemunhou a ascensão das cartas de direitos, como, por exemplo, o *Bill of Rights* (1689) e a Declaração de Independência das 13 colônias americanas, que viriam a se tornar os Estados Unidos da América (1776), o que implicou a afirmação do poder político e da supremacia do povo. Além disso, a Revolução Francesa foi propícia para reconhecer que nenhuma limitação pode ser imposta ao indivíduo, salvo pela lei, que é expressão da vontade geral da nação (1789). A proteção de direitos universais e da participação política é o sustentáculo da revolução.

Essa soma de fatores permitiu a Dalmo de Abreu Dallari identificar as **características essenciais do Estado democrático do século XVIII** (DALLARI, 2013):

- a supremacia da vontade popular, com a possibilidade de participação do povo na tomada de decisões do governo;
- a preservação da liberdade, com o reconhecimento de direitos e a não interferência do Estado na esfera particular;
- a igualdade de direitos, com a proibição de tratamento diferenciado em razão de classes ou motivos econômicos.

> **Fique atento**
>
> Apesar da importância da experiência democrática grega, a afirmação da democracia somente tem início com o pensamento do século XVIII.

A democracia do presente

A força do pensamento democrático implicou a utilização desse regime de governo na maioria dos Estados do século XXI. Na atualidade, são raros os governos que não se proclamem democráticos (BONAVIDES, 2009). Ainda existe, porém, grande dificuldade teórica e prática na sua identificação. De fato, não é incomum a mera exaltação de um governo como democrático sem que, na realidade, existam instrumentos de participação política do povo. Além disso, controverte-se sobre a essência da democracia.

O que é a democracia? A tormentosa indagação não tem resposta fixa perante a ciência política diante de tantas controvérsias, havendo, inclusive, célebre crítica no pensamento de Rousseau (2017, p. 75): "Se houvesse um povo de deuses, esse povo se governaria democraticamente".

Sob o aspecto formal, destacamos três espécies de democracia presentes ao longo da história. São as seguintes:

Democracia direta — nela, o poder político é exercido diretamente pelo povo, sem qualquer intermediação ou representação. O exemplo evidente de democracia direta estaria na Antiguidade, com os gregos. De fato, o cidadão grego via na organização do Estado não apenas o prolongamento de suas ações, mas o elemento condicionante de sua própria existência. Na Grécia antiga, o interesse pela vida pública era inerente à condição de cidadão (BONAVIDES, 2009). Alguns destacam, entretanto, que nem mesmo a democracia grega poderia ser considerada direta, na medida em que impunha severa restrição ao conceito de cidadania. Assim, o governo poderia ser considerado do povo, mas pouquíssimos indivíduos eram considerados "o povo". Outro exemplo de democracia direta estaria presente em alguns Cantões da Suíça, por meio do *Landsgemeinde*. Nesses lugares, há assembleias abertas a todos os cidadãos do Cantão para que, querendo, exerçam seu direito de voto em determinadas questões políticas. De todo modo, mesmo nesses casos, a convocação da assembleia depende de uma prévia aprovação de representantes eleitos para tanto (DALLARI, 2013). Razões de ordem prática confirmam a dificuldade de uma democracia direta na era moderna: "Até mesmo a imaginação se perturba em supor o tumulto que seria congregar em praça pública toda a massa do eleitorado, todo o corpo de cidadãos, para fazer as leis, para administrar" (BONAVIDES, 2009, p. 293).

Democracia indireta — nela, o poder político é exercido pelo povo por meio de representantes eleitos, razão pela qual também é denominada **democracia representativa**. Nesse caso, o povo confere um mandato a alguns cidadãos para que eles exerçam o poder político. É esse regime democrático que promove o surgimento de uma classe específica de sujeitos cujos propósitos são a elaboração e discussão de novas leis e a administração do poder público. É a classe política. A partir do século XIX, a especialização dá mais um passo com o surgimento dos partidos políticos. O modelo se difundiu nos Estados Democráticos, mas não sem críticas (DALLARI, 2013). Assim, é possível destacar que a representação somente é eficaz quando o povo tem plenas condições de compreender o debate e as opções apresentadas, o que dificilmente ocorre. Além disso, muitas vezes, a atuação do representante não condiz com as ideias do programa partidário, revelando maior interesse pela conquista ou manutenção do poder do que pelos interesses do mandatário (DALLARI, 2013).

Democracia semidireta — nela, o poder político é exercido pelo povo por meio de representantes eleitos, mas que também conta com institutos que permitem a discussão de determinados temas diretamente pelo povo. A democracia semidireta é uma aproximação da democracia representativa e da democracia direta, com a criação de instrumentos que "[...] fazem efetiva a intervenção do povo" (BONAVIDES, 2009). Nessa forma, portanto, a atuação do povo não se limita à eleição de governantes e legisladores, mas compreende também a efetiva tomada de decisão.

Na democracia semidireta, avulta a participação jurídica do povo, já que, em casos específicos, torna-se diretamente competente pela ordem normativa a estabelecer a tomada de decisão sobre certos assuntos. Caberá, entretanto, a cada Estado definir a extensão da participação direta do povo. No plano teórico, alguns autores apresentam os seguintes **institutos de atuação do povo na democracia semidireta**:

Referendo — consiste na consulta ao povo para que delibere sobre matéria relevante, adquirindo o poder de sancionar leis ou emendas constitucionais. A característica essencial do referendo consiste em consulta após a tomada de uma decisão para que seja confirmada ou não. Em síntese, "o objetivo é perguntar ao povo se ele confirma ou não uma decisão já tomada" (DALLARI, 2013, p. 154).

Plebiscito — consiste na consulta ao povo para que delibere sobre matéria relevante antes da elaboração do ato normativo ou administrativo. Assim, a característica essencial do plebiscito é representar uma consulta prévia ao povo sobre determinado tema. É somente com o resultado da opinião do povo que serão adotadas as medidas legislativas ou administrativas pertinentes.

Iniciativa popular — é a possibilidade de um número previamente determinado de eleitores dar início ao processo legislativo, com a propositura de novas leis ou emendas à Constituição.

Veto popular — é a faculdade conferida ao povo para que se manifeste contrário a uma medida ou lei já devidamente elaborada e em vias de ser colocada em execução (BONAVIDES, 2009). Aqui, um número previamente determinado de eleitores, em prazo determinado, poderá requerer que uma lei já publicada seja submetida à aprovação ou rejeição do eleitorado. Vale registar que alguns autores consideram o veto espécie de referendo.

Revogação — é a faculdade conferida ao povo para que promova o término antecipado de um mandato eletivo, isto é, antes do decurso do prazo legalmente previsto. A revogação é, portanto, um mecanismo que permite ao povo o controle imediato do mandato da classe política. A mais conhecida espécie de revogação é o chamado *recall* previsto nos Estados Unidos da América. Por meio do *recall*, o eleitorado poderá "destituir funcionários, cujo comportamento, por qualquer motivo, não lhe esteja agradando" (BONAVIDES, 2009, p. 313), desde que observadas, evidentemente, as regras que regulamentam o instituto.

Na **experiência democrática brasileira**, existem diversos instrumentos que qualificam a democracia representativa, razão pela qual a Constituição Federal prestigia a forma semidireta de democracia. Assim, por exemplo, existe a possibilidade constitucional de plebiscito e referendo (art. 14, I e II, da Constituição Federal de 1988). Ambos estão detalhados na Lei nº 9.709, de 18 de novembro de 1998. Confira:

> Art. 2º Plebiscito e referendo são consultas formuladas ao povo para que delibere sobre matéria de acentuada relevância, de natureza constitucional, legislativa ou administrativa.
> § 1º O plebiscito é convocado com anterioridade a ato legislativo ou administrativo, cabendo ao povo, pelo voto, aprovar ou denegar o que lhe tenha sido submetido.
> § 2º O referendo é convocado com posterioridade a ato legislativo ou administrativo, cumprindo ao povo a respectiva ratificação ou rejeição.
> Art. 3º Nas questões de relevância nacional, de competência do Poder Legislativo ou do Poder Executivo, e no caso do § 3º do art. 18 da Constituição Federal, o plebiscito e o referendo são convocados mediante decreto legislativo, por proposta de um terço, no mínimo, dos membros que compõem qualquer das Casas do Congresso Nacional, de conformidade com esta Lei (BRASIL, 1998).

A iniciativa popular também é um instituto expressamente previsto na Constituição Federal. Em âmbito nacional, isto é, para a proposição de leis ordinárias, ela pode ser exercida pela apresentação à Câmara dos Deputados de projeto de lei subscrito por, no mínimo, 1% do eleitorado nacional, distribuído por, pelo menos, cinco Estados, com não menos de 0,3% dos eleitores de cada um desses Estados, nos termos do art. 61, § 2º, da Constituição Federal de 1988. Já no âmbito municipal, isto é, para a proposição de leis municipais, é necessária a manifestação de, pelo menos, 5% do eleitorado, nos termos do art. 29, XIII, da Constituição Federal de 1988.

A partir da existência de instrumentos formais de participação, Norberto Bobbio (1997, p. 30) apresenta a seguinte definição: "O único modo de se chegar a um acordo quando se fala de democracia, entendida como contraposta a todas as formas de governo autocrático, é o de considerá-la caracterizada por um conjunto de regras que estabelecem quem está autorizado a tomar as decisões coletivas e com quais procedimentos". Nesse sentido, a democracia diz respeito ao titular do poder e ao modo pelo qual o poder é legitimamente exercido.

A democracia do futuro

A adoção generalizada de formas democráticas semidiretas revelou as deficiências do modelo e as crises a ele inerentes. Assim, Paulo Bonavides destaca a crise na legitimidade dos partidos políticos e a fragilidade dos institutos de manifestação direta do povo.

Quanto aos **partidos políticos**, "a lição de nossa época demonstra que não raro os partidos, considerados instrumentos fundamentais da democracia, se corrompem" (BONAVIDES, 2009, p. 299), ou seja, desviam-se de seus interesses e não mais espelham os ideais políticos que defendiam, vitimando o povo do logro. De fato, nos dias atuais, existe uma intensa crise de legitimidade dos partidos políticos.

Quanto aos **institutos de participação direta tradicionalmente reconhecidos**, vimos a sua ineficiência (BONAVIDES, 2009). Mecanismos idealizados como autênticos meios de transformação social sucumbiram a uma realidade indiferente e conservadora, sendo pouco empregados e, quando utilizados, trazendo resultados conservadores e sem significativo impacto (BONAVIDES, 2009). Assim, a presença de instrumentos de participação não teve o condão de atrair o povo para o cenário político.

Nessa mesma linha, Norberto Bobbio faz uma intensa crítica ao modelo democrático representativo e destaca que essa democracia se tornou um ambiente de promessas não cumpridas.

Para ele, as **seis promessas não cumpridas pela democracia representativa** são (BOBBIO, 1997):

- a vontade geral como centro de poder — a realidade social demonstrou que não existe apenas um foco de força política, como pretendiam os idealizadores da democracia, de sorte ser impossível alcançar uma única

vontade geral, já que efetivamente existem, de fato, diversos núcleos de poder que coexistem;
- a contenda de interesses — o representante deveria apenas buscar os interesses de toda a coletividade, mas, de fato, busca os interesses daqueles que o colocaram no poder;
- a manutenção das oligarquias;
- o espaço limitado — apesar de ser agora ampla a quantidade de votantes, seu espaço de inserção no discurso político ainda é ínfimo, daí a crise estar em "onde se vota?", ou seja, em definir os momentos em que o povo é efetivamente chamado a se manifestar sobre determinado tema;
- a persistência de um poder invisível — a noção de que existem, ainda, instituições e órgãos que agem nas sombras, sem publicizar os seus atos, atuando com intenções duvidosas;,
- o problema da cidadania — o cidadão, a partir da possibilidade de atuar por meio da democracia, aprenderia e se transformaria em um cidadão ativo e participante, que se engajasse na prática política — o que não apenas não aconteceu como se procedeu ao inverso: as democracias mais consolidadas têm por característica um povo apático e desinteressado.

Diante de tantas crises, a definição de democracia exigirá uma nova compreensão. Nesse ponto, tem ganhado força o discurso na defesa de uma nova espécie de democracia. É a **democracia participativa** (BOBBIO, 1997). Com efeito, o adjetivo **participação**:

> [...] passa a ser o novo referencial em termos democráticos, inserção da (re) qualificação do povo, para além de mero ícone, catapultando-o, assim, para o cenário democrático como ator principal e não mais como mero coadjuvante, como aquele que está apto de fato a reivindicar sua posição proeminente em uma sociedade livre, solidária e justa (RIBEIRO; SCALABRIN, 2009, p. 160).

A democracia participativa implica uma ampliação do diálogo e da participação concreta, dispensando técnicas meramente formais. Nesse estágio, a inclusão do cidadão deve atingir todos os planos, de sorte que nem a função jurisdicional, nem o próprio processo legislativo escapam desse fenômeno. Sendo a democracia, também e não só, um conjunto de valores e ideais, cuja legitimidade (política e jurídica) não se extrai apenas do voto — que se apresenta mais como um conteúdo mínimo necessário (LUCAS, 1985). —, novos mecanismos devem ser postos à disposição dos indivíduos para dar vida ao postulado democrático, enquanto velhos elementos do mundo jurídico devem ser repensados.

Link

Confira, no link a seguir, um texto sobre democracia participativa para aprofundar os estudos:

https://goo.gl/jeEtNf

Diversos exemplos presentes no sistema democrático brasileiro permitem concluir que a chegada da democracia participativa é inevitável e já permeia todas as funções do Estado. De fato, todos os poderes constituídos já contam com mecanismos amplos de participação direta do povo:

Poder Legislativo — há a legitimidade de qualquer pessoa para denunciar irregularidades financeiras junto ao Tribunal de Contas, bem como podem ser realizadas audiências públicas no âmbito do processo legislativo (FIGUEIREDO, 2003). Aliás, as audiências públicas surgem como canal de comunicação entre parlamentares, cidadãos e especialistas para a criação de leis mais adequadas aos desejos sociais. E ainda no âmbito legislativo, vale lembrarmos dos instrumentos tradicionais da democracia semidireta: iniciativa popular, referendo e plebiscito.

Poder Executivo — no palco da Administração Pública, as consultas públicas despontam como mecanismos de inclusão dos interessados em gerir diretamente parcela do orçamento estadual e estarem presentes na atuação política. É o chamado **orçamento participativo**. Além disso, ganha fôlego a proposta de criação de conselhos, "especializados para atuar em certo setor das atividades sociais" (DALLARI, 2013, p. 156), nos quais haverá maior proximidade entre cidadão e Administração Pública.

Poder Judiciário — a máquina da Justiça também gera uma forma de participação, já que oportuniza o diálogo entre os envolvidos — as partes e o Estado-juiz (LUCAS, 1985). Além disso, muitas vezes, o Poder Judiciário se converte no último suspiro de esperança do cidadão, que vê o seu direito sendo violado pelo próprio Estado. A legitimação do Poder Judiciário, por sua vez:

> [...] decorre não do sufrágio universal como nas outras esferas de poder, mas de uma legitimação procedimental que encontra no irrestrito acesso ao

judiciário, no contraditório, na publicidade e na fundamentação os mais altos desígnios da legitimidade democrática, pois é através do processo (RIBEIRO; SCALABRIN, 2009, p. 165).

Todos esses elementos permitem concluir que a democracia participativa é aquela que melhor permite confrontar as crises do modelo anterior. A democracia, enquanto elemento político (e valorativo), deflagra uma necessária revisão do padrão liberal de mera representatividade, e a participação surge como novo expoente. *Pari passu*, a cidadania é alargada por meio de novos modos de inclusão do indivíduo na tomada de decisão e no seu controle.

Referências

BOBBIO, N. *O futuro da democracia*: uma defesa das regras do jogo. 6. ed. Rio de Janeiro: Paz e Terra, 1997.

BONAVIDES, P. *Ciência política*. 16. ed. São Paulo: Malheiros, 2009.BRASIL. *Lei nº 9.709, de 18 de novembro de 1998*. Regulamenta a execução do disposto nos incisos I, II e III do art. 14 da Constituição Federal. 1998. Disponível em: <http://www.planalto.gov.br/ccivil_03/leis/l9709.htm>. Acesso em: 27 set. 2017.

DALLARI, D. de A. *Elementos de teoria geral do Estado*. 32. ed. São Paulo: Saraiva, 2013.

FIGUEIREDO, L. V. Instrumentos da administração consensual: a audiência pública e sua finalidade. *Revista de Direito Administrativo*, Rio de Janeiro, v. 5, n. 18, mar./abr. 2003.

LUCAS, J. R. *Democracia e participação*. Brasília: Universidade de Brasília, 1985. RIBEIRO, D. G., SCALABRIN, F. O papel do processo na construção da democracia: para uma nova definição da democracia participativa. *Scientia Iuris*, Londrina, v. 13, nov. 2009.

ROUSSEAU, J.-J. *Do contrato social*. Petrópolis: Vozes, 2017.

Leituras recomendadas

AZAMBUJA, D. *Teoria geral do Estado*. 4. ed. São Paulo: Globo, 2008.

BOBBIO, N. *Estado, governo, sociedade, para uma teoria geral da política*. 14. ed. São Paulo: Paz e Terra S/A, 2007.

JELLINEK, G. *Teoria general del Estado*. Buenos Aires: Albatros, 1954.

MORAIS, J. L. B. de; STRECK, L. L. *Ciência política e teoria do Estado*. 7. ed. Porto Alegre: Livraria do Advogado 2010.

UNIDADE 3

O sufrágio e sistemas eleitorais

Objetivos de aprendizagem

Ao final deste texto, você deve apresentar os seguintes aprendizados:

- Conceituar o que é e quem pode exercer o sufrágio.
- Estabelecer a distinção estre os sistemas eleitorais majoritário, de representação e distrital.
- Demonstrar a importância da existência dos partidos políticos na democracia.

Introdução

Neste capítulo, você reconhecerá a importância do exercício democrático do sufrágio e a sua peculiaridade em relação às espécies do sistema eleitoral brasileiro e dos partidos políticos. Ao final, questionará a realidade atual brasileira, podendo, inclusive, traçar um paralelo com outras realidades políticas mundiais.

Sufrágio

Para que você entenda e reconheça a importância do sufrágio para a sociedade, é necessário voltarmos ao princípio da antiguidade, pois, nos primórdios da civilização, as tribos eram lideradas por chefes, e a maioria deles era escolhida por homens e liderada por homens.

Com o passar dos anos, a evolução humana se viu na personificação do soberano, com a figura do Estado e do rei como um único ser — ou seja, não havia separação entre Estado e rei. As ações eram decididas por poucos, não sendo possibilitado a toda população o direito de escolher o(s) seu(s) representante(s), opinar pela aprovação ou não de alguma lei, entre outros temas relacionados ao Estado. Ano após ano, o clamor social, as revoluções e as diversas teorias filosóficas liberais desenvolvidas por grandes pensadores, como John Locque, Montesquieu e Tocqueville, foram cruciais para a evolução da democracia e liberdade em exercer o sufrágio. Segundo Bobbio (1997, p. 8) "[...] a democracia não é tanto uma sociedade de livres e iguais, mas uma sociedade regulada de tal modo que os indivíduos que a compõem são mais livres do que em qualquer outra forma de convivência".

Afinal, tendo em vista o exercício democrático, **o que é sufrágio**? Para o professor Paulo Bonavides (2007, p. 293) "[...] o sufrágio é o poder que se reconhece a certo número de pessoas (o corpo de cidadãos) de participar direta ou indiretamente na soberania, isto é, na gerência da vida pública".

Fique atento

Importante destacar que a palavra sufrágio vem do latim *suffagari*, cujo significado é "escolha", ou seja, ao indivíduo é dado o poder de decidir, opinar e escolher, de modo direto (votação participativa do povo sobre temas específicos) ou indireto (o povo elege o seu futuro representante político).

O sufrágio concede ao indivíduo o exercício democrático de participar da política, como, por exemplo, votar, ser votado e exigir a democracia participativa.

A partir da sua definição, é possível destacar que o sufrágio:

- é um exercício democrático;
- é uma garantia pública concedida a determinadas pessoas;
- não é ato exclusivo e único do Estado, mas participativo popular;
- é um exercício democrático no Estado de Direito.

Afinal, que certo número de pessoas, na concepção de Bonavides (2007), pode exercer o sufrágio? Além disso, o voto é um sufrágio ou uma espécie de sufrágio? Antes de responder a tais perguntas, é preciso entender e diferenciar o sufrágio restrito do sufrágio universal e analisar as previsões legais a respeito dos temas.

O sufrágio restrito apresenta certas particularidades, sobretudo, de cunho preconceituoso, restringindo o poder de participação cidadã do indivíduo ao cumprimento de determinados padrões, como poder aquisitivo, raça e outros. De acordo com a doutrina, são consideradas modalidades de **sufrágio restrito**:

- **sufrágio censitário** — poder delimitado a determinadas classes, aquelas que possuíssem riqueza.
- **sufrágio capacitário** — considerava o grau de instrução do indivíduo.
- **sufrágio social** — analisava a raça e o gênero do indivíduo.

Já o **sufrágio universal** visa alcançar toda uma coletividade de cidadãos que, ao serem considerados habilitados, terão o seu direito garantido por lei para votar, ser votado, participar de referendos, iniciativa popular ou plebiscito, sem que, para isso, sejam considerados raça, sexo, instrução, riqueza ou posição social do indivíduo.

Fique atento

O sufrágio não deve ser confundido com o voto, pois o voto é uma forma de exercer o sufrágio. De acordo com o Código Eleitoral (BRASIL, 1965), art. 82, "o sufrágio é universal e direto e o voto é obrigatório e secreto". E, de acordo com a Constituição Federal de 1998, art. 14, *caput* e incisos I a III: "A soberania popular será exercida pelo sufrágio universal e pelo voto direto e secreto, com valor igual para todos, e, nos termos da lei, mediante: plebiscito, referendo e iniciativa popular" (BRASIL, 1988).

Dos legitimados no sufrágio universal

No Brasil, não é mais admitido o voto ao descoberto, que era aquele tipo de votação na qual o indivíduo não tinha alternativa senão declarar o seu voto, vulgo voto de cabresto. Tal situação gerava temor no cidadão. Considerando os dias atuais, o sistema digital eleitoral brasileiro e os níveis de corrupção, você acredita que o voto ao descoberto é um fato inexistente ou ainda segue cerceando o exercício democrático de cidadãos brasileiros?

No que diz respeito às pessoas que podem exercer o sufrágio, veja o que determinam o Código Eleitoral e a Constituição Federal brasileira. De acordo com o Código Eleitoral:

> Art. 2º Todo poder emana do povo e será exercido em seu nome, por mandatários escolhidos, direta e secretamente, dentre candidatos indicados por partidos políticos nacionais, ressalvada a eleição indireta nos casos previstos na Constituição e leis específicas.
> Art. 3º Qualquer cidadão pode pretender investidura em cargo eletivo, respeitadas as condições constitucionais e legais de elegibilidade e incompatibilidade.
> Art. 4º São eleitores os brasileiros maiores de 18 anos que se alistarem na forma da lei.
> Art. 5º Não podem alistar-se eleitores:
> I — os analfabetos;
> II — os que não saibam exprimir-se na língua nacional;
> III — os que estejam privados, temporária ou definitivamente dos direitos políticos.
> Parágrafo único. Os militares são alistáveis, desde que oficiais, aspirantes a oficiais, guardas-marinha, subtenentes ou suboficiais, sargentos ou alunos das escolas militares de ensino superior para formação de oficiais (BRASIL, 1965).

A partir da leitura dos arts. 2º a 5º do Código Eleitoral brasileiro, é possível determinar que os candidatos eleitos exercem o poder representativo conferido pelo povo, não podendo ser eleitos os analfabetos, os que não saibam exprimir-se na língua nacional e os que estejam privados, temporária ou definitivamente, dos direitos políticos.

Para a Constituição Federal brasileira de 1988:

> Art. 14º O alistamento eleitoral e o voto são:
> I — obrigatórios para os maiores de dezoito anos;
> II — facultativos para:
> a) os analfabetos;
> b) os maiores de setenta anos;
> c) os maiores de dezesseis e menores de dezoito anos.
> [...]
> § 2º Não podem alistar-se como eleitores os estrangeiros e, durante o período do serviço militar obrigatório, os conscritos (BRASIL, 1988).

A Constituição Federal, ao contrário do Código Eleitoral, é mais abrangente ao prever que os analfabetos, os maiores de 70 anos e os maiores de 16 e menores de 18 anos possuem a faculdade para exercer o voto.

> **Exemplo**
>
> No período eleitoral do ano de 2016, as jovens amigas Susana, de 17 anos, e Marcela, de recém-completados 16 anos, discutem a possibilidade de participar da escolha do prefeito para a sua cidade, mesmo pressionadas por seus amigos a somente votar quando tivessem 18 anos e a obrigatoriedade de votar. As amigas não desistiram: tiraram o título de eleitor e, no tempo devido, votaram no candidato escolhido. Esse exemplo demonstra que, ainda que a Constituição Federal preveja a facultatividade do voto no caso de maiores de 16 e menores de 18 anos, caso jovens dessas idades desejem exercer o seu papel eleitoral, poderão, por lei, exercê-lo.

> **Fique atento**
>
> Nenhum indivíduo deve ser intimidado, constrangido a fazer ou deixar de exercer o direito a votar, ser votado ou outros por ameaças ou intervenções de terceiros, mas deve ser respeitado em seus direitos e suas obrigações. Em tais casos, cabe ao indivíduo denunciar.

Dos sistemas eleitorais

Para o doutrinador José Jairo (GOMES, 2016, p. 143), o sistema eleitoral é o "Complexo de técnicas e procedimentos empregados na realização das eleições, ensejando a conversão de votos em mandato, e, consequentemente, a legítima representação do povo no poder estatal". Nesse sentido, convém detalhar as espécies do sistema eleitoral:

Sistema eleitoral distrital ou misto — consiste em dividir a circunscrição eleitoral em distritos, conforme o número de vagas a serem preenchidas na Casa Legislativa. Dessa forma, no período eleitoral, cada distrito somente teria um candidato como representante político, que seria eleito caso obtivesse o maior número de votos válidos.

> **Exemplo**
>
> Para facilitar o entendimento, veja o seguinte exemplo fictício: ocorrerão eleições para deputado federal e, em atenção ao sistema distrital, o Estado do Sol Dourado será repartido em cinco distritos, logo, somente poderão ser eleitos cinco deputados, que representariam cada um dos distritos. Assim, o candidato X, inscrito no distrito de Solzinho, somente poderia receber votos desse distrito.

Dessa forma, considerando a realidade atual e o excessivo número de partidos políticos, o sistema eleitoral distrital, que há anos foi abolido do sistema eleitoral brasileiro, tem sido evocado por doutrinadores como Jairo Marconi Nicolau (1996), como uma alternativa para produção da governabilidade.

Sistema eleitoral majoritário — nesse sistema, serão considerados eleitos aqueles candidatos que tiverem maior número de votos válidos, ou seja, na contagem dos votos, não serão considerados os votos nulos e os brancos. Assim, caso um candidato obtenha um número de votos que supere o do seu concorrente, será considerado eleito (maioria simples). Contudo, no caso de eleições presidenciais, para governadores e prefeitos, será admitida a possibilidade do segundo turno, que ocorrerá caso, na contagem dos votos do primeiro turno, o candidato mais votado não alcance a porcentagem superior de 50 + 1 (maioria absoluta) dos votos válidos, impossibilitando-o de ser considerado eleito. Constituído o segundo turno, os dois candidatos mais votados terão a oportunidade de seguir com a campanha eleitoral, a fim de alcançar o maior número de votos e, assim, serem eleitos.

Nesse sentido, veja o Quadro 1, sobre a previsão da Constituição Federal brasileira.

Sistema eleitoral de representação ou proporcional — nesse sistema, a contagem de votos válidos se dá pelo cálculo do número de votos recebidos pelos partidos políticos por meio do quociente eleitoral (número contabilizado de votos válidos dividido pelo número de vagas no Poder); assim, quanto mais votos receber um partido político, maior possibilidade terá de ser representado pela sua legenda partidária. Tal sistema é adotado nas eleições para as Câmaras de Vereadores, Assembleias Legislativas

Quadro 1. Contagem de votos da Constituição Federal brasileira de 1998.

Contagem de votos — sistema majoritário da Constituição Federal brasileira de 1998.		
União	Estados	Municípios
Art. 77 A eleição do Presidente e do Vice-Presidente da República realizar-se-á, simultaneamente, no primeiro domingo de outubro, em primeiro turno, e no último domingo de outubro, em segundo turno, se houver, do ano anterior ao do término do mandato presidencial vigente. [...] 2º Será considerado eleito Presidente o candidato que, registrado por partido político, obtiver a maioria absoluta de votos, não computados os em branco e os nulos.	Art. 28, § 2º A eleição do Governador e do Vice-Governador, observadas as regras do art. 77, e dos Deputados Distritais coincidirá com a dos Governadores e Deputados Estaduais, para mandato de igual duração. § 3º Se nenhum candidato alcançar maioria absoluta na primeira votação, far-se-á nova eleição em até vinte dias após a proclamação do resultado, concorrendo os dois candidatos mais votados e considerando-se eleito aquele que obtiver a maioria dos votos válidos.	Art. 29, I — eleição do Prefeito, do Vice-Prefeito e dos Vereadores, para mandato de quatro anos, mediante pleito direto e simultâneo realizado em todo o País; II — eleição do Prefeito e do Vice-Prefeito realizada no primeiro domingo de outubro do ano anterior ao término do mandato dos que devam suceder, aplicadas as regras do art. 77, no caso de Municípios com mais de duzentos mil eleitores;

Fonte: Brasil (1988).

Estaduais, Câmara Legislativa do Distrito Federal e Câmara dos Deputados. Convém destacar que, durante o período eleitoral, muitos brasileiros, como voto de "revolta", optam por anular o voto, deixá-lo em branco ou simplesmente votar na legenda. O fato é que, no sistema proporcional, ao votar na legenda, até mesmo aquele(a) candidato(a) rejeitado(a) pelo eleitor receberá o voto, pois, ao votar na legenda, os candidatos daquela legenda receberão o voto válido.

> **Saiba mais**
>
> De acordo com a doutrina, são modalidades do sistema proporcional o sistema de voto limitado, o sistema de voto cumulativo, o sistema preferencial, o sistema de concorrência de listas e o sistema automático. Para saber mais sobre essas modalidades, veja o livro *Sistema político brasileiro: uma introdução* (AVELAR; CINTRA, 2015).

Da importância dos partidos políticos

Com o fim do Estado em 1945, surgiram os primeiros partidos políticos no Brasil. No ano seguinte, a promulgação da Constituição Federal de 1946 (marco na história da democracia, principalmente para o voto feminino) possibilitou certa liberdade ao povo, que, anos depois, com a ditadura, foi suprimida e cerceada. A atual Constituição Federal consagrou os direitos políticos e sociais ao povo.

Nos últimos anos, a corrupção política se tornou tema recorrente nos noticiários mundiais e, no caso brasileiro, com o escândalo da corrupção da Petrobras, diversos partidos políticos tiveram os seus nomes envoltos em ações penais pelo recebimento direto e indireto de vultosas quantias de dinheiro, fruto de meios corruptos. Por consequência dos escândalos, diversas empresas prestadoras de serviços para a Petrobras não viram alternativa a não ser demitir os seus funcionários, inclusive fechar as portas, causando um grave aumento na taxa de desemprego no País, especialmente nas cidades e nos Estados em que se encontram as bases de extração de petróleo da Petrobras.

A corrupção generalizada tem desmotivado a população a crer e confiar nos partidos e na política em geral. O que se tem visto, na prática, são candidaturas voltadas para projetos pessoais de enriquecimento, em desprezo do interesse coletivo, recordando aqui os tempos de imperialismo e do voto restrito.

Para que um sistema de governo como o presidencialismo adotado pelo Brasil siga o seu perfeito funcionamento, é importante que os partidos políticos desenvolvam ações em respeito à Constituição Federal, em benefício do povo e do Estado, pois é por meio dos partidos que os indivíduos considerados por lei como alistáveis podem ser eleitos e gerir os assuntos internos e externos do País.

É crucial que os partidos políticos sofram uma reestruturação no sentido de que reafirmem a identidade para a qual foram criados, incentivando a população a conhecer e saber como funciona e para que serve cada partido.

Segundo o nobre doutrinador Sartori (1987) referencia no estudo da democracia, o voto é o critério mais utilizado para medir a frequência do poder dos partidos políticos; contudo, ainda segundo o doutrinador, o voto é um critério defeituoso, pois capta um único aspecto do fenômeno partitocrático.

O que você pensa sobre a realidade do sufrágio, do sistema eleitoral e dos partidos políticos para o sistema democrático no Brasil?

Saiba mais

Atualmente, 35 partidos políticos estão registrados no Tribunal Superior Eleitoral: Partido do Movimento Democrático Brasileiro (PMDB), Partido Trabalhista Brasileiro (PTB), Partido Democrático Trabalhista (PDT), Partido dos Trabalhadores (PT), Democratas (DEM), Partido Comunista do Brasil (PCdoB), Partido Socialista Brasileiro (PSB), Partido da Social Democracia Brasileira (PSDB), Partido Trabalhista Cristão (PTC), Partido da Mobilização Nacional (PMN), Partido Social Cristão (PSC), Partido Republicano Progressista (PRP), Partido Popular Socialista (PPS), Partido Verde (PV), Partido Trabalhista do Brasil (PTdoB), Partido Progressista (PP), Partido Socialista dos Trabalhadores Unificado (PSTU), Partido Comunista Brasileiro (PCB), Partido Renovador Trabalhista Brasileiro (PRTB), Partido Humanista da Solidariedade (PHS), Partido Social Democrata Cristão (PSDC), Partido da Causa Operária (PCO), Podemos (PODE), Partido Social Liberal (PSL), Partido Republicano Brasileiro (PRB), Partido Socialismo e Liberdade (PSOL), Partido da República (PR), Partido Social Democrático (PSD), Partido Pátria Livre (PPL), Partido Ecológico Nacional (PEN), Partido Republicano da Ordem Social (PROS), Solidariedade (SD), Partido Novo (NOVO), Rede Sustentabilidade (REDE) e Partido da Mulher Brasileira (PMB).

Ainda, 61 partidos se encontram em formação. Para conhecer os partidos em formação, acesse o link abaixo ou o código ao lado:

https://goo.gl/jnds1j

Referências

BOBBIO, N. *Igualdade e liberdade*. 3. ed. Rio de Janeiro: Ediouro, 1997.

BONAVIDES, P. *Ciência política*. São Paulo: Malheiros, 2007.

BRASIL. Constituição (1988). *Constituição da República Federativa do Brasil*. Brasília: Senado Federal, 1988. Disponível em: <http://www.planalto.gov.br/ccivil_03/constituicao/constituicao.htm>. Acesso em: 6 set. 2017.

BRASIL. *Lei nº 4.737, de 15 de julho de 1965*. Institui o Código Eleitoral. 1965. Disponível em: <http://www.planalto.gov.br/ccivil_03/leis/L4737.htm>. Acesso em: 6 set. 2017.

GOMES, J. J. *Direito eleitoral*. 12. ed. São Paulo: Atlas, 2016.

NICOLAU, J. M. *Multipartidarismo e democracia:* um estudo sobre o sistema partidário B. Rio de Janeiro: FGV, 1996.

SARTORI, G. *Partidos y sistemas de partidos:* marco para un análisis. Madrid: Alianza, 1987.

Leituras recomendadas

ACQUAVIVA, M. C. *Teoria geral do Estado*. 3. ed. Barueri: Manole, 2010.

AVELAR, L.; CINTRA, A. O. *Sistema político brasileiro: uma introdução*. 3. ed. São Paulo: UNESP, 2015.

MORAES, A. de. *Direito constitucional*. 32. ed. rev. e atual. São Paulo: Atlas, 2016.

BITTAR, E. C. B. *Teoria do Estado:* filosofia política e teoria da democracia. 5. ed. rev. atual. e modificada. São Paulo: Atlas, 2016.

PEREIRA, E. W. *Direito eleitoral:* interpretação e aplicação das normas constitucionais-eleitorais. São Paulo: Saraiva, 2010.

TAVARES, J. A. G. *Sistemas eleitorais nas democracias contemporâneas*. Rio de Janeiro: Relume-Dumará, 1994.

Formas de governo

Objetivos de aprendizagem

Ao final deste texto, você deve apresentar os seguintes aprendizados:

- Definir as formas de governo.
- Contrastar as formas de governo com a separação de poderes.
- Explicar a crise da separação dos poderes e os reflexos na democracia.

Introdução

Neste capítulo, você estudará as formas de governo. Com base em uma análise histórica, analisará a evolução da classificação das formas de governo, a forma como ocorreu a separação de poderes e como tal divisão reflete no progresso de uma sociedade democrática.

Cada tema deste capítulo é fundamental para que você entenda o funcionamento político do Brasil e de outros povos.

Formas de governo

Para compreender as atuais formas de governo, é importante analisar como o tema foi discutido por pensadores como Platão, Aristóteles, Políbio, Maquiavel, Bodin, Hobbes, Vico, Montesquieu, Hegel, Marx e Bobbio. Para tanto, o estudo da concepção filosófica e política de governo desenvolvida por esses teóricos permitirá analisar as atuais formas e sistemas de governo, bem como a crise na separação de poderes.

Para o professor José Geraldo Brito Filomeno, o **governo** "é um conjunto dos órgãos do Estado que colocam em prática as deliberações dos órgãos legislativos" (FILOMENO, 2016, p. 97). Para os filósofos gregos anteriores a Cristo, Platão e Aristóteles, o governo deveria ser analisado a partir de duas vertentes: a pura (ideal) e a impura ou degenerada. Para Platão, as formas de governo ideais seriam a monarquia e a aristocracia, consideradas formas únicas. Já as formas corruptas de governo seriam a oligarquia, a timocracia, a democracia e a tirania. A oligarquia seria a forma corrompida da aristocracia, enquanto a tirania é a forma corrompida da monarquia. Para Platão, a timocracia seria a transição entre a constituição ideal e as formas corruptas de governo.

Segundo Bobbio (1997), para Aristóteles, não havia distinção de significado entre governo e constituição. Em razão disso, para Aristóteles (apud BOBBIO, 1997, p. 55), o governo é o "poder exercido por um só, por poucos ou por muitos". Assim, a politeia (constituição — estrutura que dá ordem à cidade, determinando o funcionamento de todos os cargos públicos e, sobretudo, da autoridade soberana), para Aristóteles, seria responsável por dar forma ao sistema.

Aristóteles classificou as formas de governo como puras e impuras. As **formas puras de governo** seriam o reino (monarquia), a aristocracia e a *politia* (timocracia); e as **formas impuras** seriam a tirania, a oligarquia e a demagogia. Para Aristóteles, as formas impuras seriam as degenerações das formas puras de governo, ou seja, a tirania em contraposição ao reino (monarquia), a oligarquia em contraposição à aristocracia e a demagogia em contraposição à *politia* (timocracia).

Fique atento

Para o doutrinador José Geraldo Brito Filomeno, a classificação aristotélica tem um "caráter quantitativo, de acordo com o número dos que exercitam o poder político, e qualitativo ou valorativo, de acordo com o posicionamento dos que exercem o mesmo poder, em face do bem comum" (FILOMENO, 2006, p. 101).

Segundo o professor Celso Bastos (2004), Aristóteles sofisticou o esquema das formas de governo elaborado por Platão — assim, para cada forma pura ou ideal, agregou uma forma de governo considerada degenerada.

Para o historiador Políbio (200 a.C.–118 a.C.), as formas de governo se classificavam em monarquia, tirania, aristocracia, oligarquia, democracia e oclocracia (*oclos* latim — multidão, governo das massas). Ainda de acordo com Políbio, essas formas formavam um movimento cíclico, ou seja, a problemática de uma forma de governo desencadearia outra forma de governo e assim sucessivamente. Nesse sentido, veja as palavras de Políbio, citadas por Bobbio (1997, p. 67) no livro a *Teoria das formas de governo*:

> Em primeiro lugar se estabelece sem artifício e naturalmente o governo de um só, ao qual segue (e do qual é gerado por sucessivas elaborações e correções) o reino. Transformando-se este no regime mau correspondente, isto é,

na tirania, pela queda desta última se gera o governo dos melhores. Quando a aristocracia por sua vez degenera em oligarquia, pela força da natureza, o povo se insurge violentamente contra os abusos dos governantes, nascendo assim o governo popular. Com o tempo, a arrogância e a ilegalidade dessa forma de governo levam à oclocracia.

Anos mais tarde, o filósofo Nicolau Maquiavel (1469–1527), autor do livro *O príncipe*, inovou com uma classificação bipartida de governo, separando-o em república (soma da aristocracia e democracia) e principado (monarquia). De acordo com Maquiavel (2003, p.1), "Todos os Estados, todos os domínios que tiveram e têm autoridade sobre os homens foram e são repúblicas ou principados". Com relação à **república**, é atualmente classificada em república parlamentar e república presidencialista; já a **monarquia** se classifica em monarquia absolutista, monarquia constitucional e monarquia parlamentar ou dualista.

Para Maquiavel, a república possui características próprias, como a temporalidade do governante na posição de líder do Estado, ao passo que, na monarquia, em razão da hereditariedade, eleição e cooptação (declaração de sucessão do trono), o rei ou monarca ocupará a posição de regente por tempo indeterminado.

Para o filósofo inglês Thomas Hobbes (1588–1679), autor do livro *Leviatã*, o governo consistiria na existência de um poder soberano indivisível responsável por determinar a condução do Estado. Por consequência, não haveria razão em diferenciar as formas de governo como formas puras, impuras ou mistas.

Para o jurista Jean Bodin (1530–1596) e para o filósofo Giambattista Vico (1668–1774), as formas de governo se classificavam em monarquia, aristocracia e democracia (república popular). Convém ressaltar que Vico, assim como Políbio, analisou as formas de governo a partir de uma vertente cíclica.

Para o jurista Montesquieu (1689–1755), seriam consideradas formas de governo a república (o povo ou parte dele possui o poder soberano de governar), a monarquia ou principado (o poder é governado por um indivíduo mediante normas preestabelecidas) e o despotismo (o poder é governado ao prazer de um indivíduo sem a observância de normas).

Já para o filósofo alemão Friedrich Hegel (1770–1831), seriam consideradas formas de governo a monarquia, a aristocracia, a democracia, a oligarquia, a oclocracia e o despotismo. Contudo, Karl Marx (1818–1883) inovou ao não classificar o governo em formas, pois, para o autor, não havia importância e sentido na classificação do governo, mas o estabelecimento de um governo único, no qual não haveria a divisão de classes sociais (concepção política socialista).

Para Norberto Bobbio (1909–2004), em consequência da temporalidade da ditadura e diferenciação do despotismo e da tirania, a ditadura seria uma forma positiva de governo.

> **Fique atento**
>
> As classificações filosóficas políticas de governo desenvolvidas por esses pensadores foram vitais para a compreensão da realidade funcional de um povo. Reflita quais seriam as formas de governo adotadas pelos diversos países na atualidade.

Governo e separação de poderes

Para o filósofo inglês John Locke (1632–1704), o poder derivava de um pacto e de um contrato social, em consequência do estado de natureza e da relação entre governante e governado. Para Locke, os poderes deveriam estar em equilíbrio e se dividiriam em Executivo (zelar pelo cumprimento das leis), Legislativo (poder supremo e fiduciário do Estado), Federativo e de prerrogativa (poder de trabalhar segundo discrição para o bem público sem prescindir da lei e ainda às vezes contra ela).

O **Poder Executivo** apresentaria atividade contínua com a finalidade de conduzir os assuntos internos e externos dos Estados e de julgar e aplicar penas àqueles que descumprissem as leis. O **Legislativo** deveria trabalhar na busca por legislar em observância ao princípio da legalidade. O **Poder Federativo** seria o poder conferido ao Estado de relacionar-se com outras pessoas e comunidades alheias à república. Já a **prerrogativa** seria a permissão concedida pelo povo aos seus governantes, para que, no caos do silêncio da lei sobre determinados temas, realizassem ações de livre eleição, mesmo que fossem contrários ao texto legal.

É possível perceber que o atual Poder Judiciário, na divisão de poderes estabelecida por Locke, era exercido pelo Poder Executivo. Mas, para Montesquieu (1689–1755), os poderes estatais se dividiam em Executivo, Legislativo e Judiciário. No livro *O espírito das leis*, publicado em 1748, Montesquieu (1973, p. 21) declarou que "em cada estado existem três classes de poder, o Legislativo, o executivo das coisas pertencentes ao direito das pessoas e o Executivo dos que pertencem ao civil". Quanto a estes, o filósofo observou que o último se chamaria Poder Judicial e, o outro, Poder Executivo do Estado. Dessa forma, Montesquieu inovou ao estabelecer três formas independentes de poder, até hoje adotadas pelos governos atuais.

Para Montesquieu, a divisão jurídica das distintas funções de poderes somente poderia limitar-se ao uso ilegal do poder e garantir a liberdade e os direitos das pessoas. O Legislativo seria um órgão representativo da vontade do povo destinado à criação de leis. Além disso, também poderia apreciar, nos termos da lei, as ações do Executivo e dos seus membros. Já o Executivo seria um órgão com a função de cumprir as normas elaboradas pelo Legislativo e teria o poder de vetar leis elaboradas pelo Legislativo. Em contraposição, o Poder Judiciário seria um órgão cuja função seria julgar crimes e conflitos entre pessoas; por isso, deveria ser temido, já que teria a legitimidade de privar a liberdade daquele que descumprisse a lei.

Para o filósofo suíço Jean-Jacques Rousseau (1712–1778), autor do célebre livro *Contrato social*, o Poder Legislativo pertence somente ao povo, visto que o Poder Executivo consistiria em atos particulares. Dessa forma, para Rousseau, não seria certo que o órgão responsável por elaborar a lei fosse responsável pela sua execução — por isso, era necessário um governo soberano, pois a monarquia não era a única forma de governo, mais bem a soberania popular.

Para Tocqueville (1805–1859), o Poder Legislativo dividia-se em duas assembleias (Senado e Câmara dos Deputados), compostas por representantes eleitos por cidadãos. O Poder Executivo seria conduzido por um governante eleito pelo povo, com a função de ser chefe do Estado com mandato temporal e com poder regulado pelo Senado. Já o Poder Judiciário, assim como entendeu Montesquieu, seria um órgão de grande poder, pois teria a finalidade de julgar casos particulares. Além disso, segundo Tocqueville, o Judiciário atuaria quando invocado e, por recorrer à Constituição para justificar a maior parte de suas decisões, detinha significativo poder político.

O que é possível pensar sobre a atual força dos Poderes Executivo, Legislativo e Judiciário?

Saiba mais

Para saber mais sobre o processo, leia *A constituição reinventada pela jurisdição constitucional* (SAMPAIO, 2002).

Separação de poderes e democracia atual

Para o doutrinador José Sampaio (2002, p. 430):

> Nos dias atuais pode-se falar de múltiplas interpretações do princípio da divisão dos poderes de acordo com a organização do sistema de governo sem que se possa indicar um modelo paradigmático desse princípio, que venha a servir de referência necessária a modelos concretos adotados pelos sistemas

constitucionais. Antes, há uma ideia — de separação de poderes, guiadas por um fim — de evitar tiranias e garantir o funcionamento equilibrado do governo, que assume diversas formas em diferentes contextos sociopolíticos. Vale dizer que não há modelo de divisão de poderes senão uma variedade de conformações que vem a assumir na prática.

Os filósofos, ao pensarem na separação dos poderes, não poderiam imaginar que, em consequência do aumento da corrupção e dos interesses pessoais, a autonomia dos poderes Legislativo, Executivo e Judiciário seria ameaçada e deixaria de existir, pois, na realidade atual, é cada vez mais frequente a intervenção política do Poder Legislativo em desprezo do Poder Judiciário. Países como Brasil e Espanha, por exemplo, são testemunhas da perseguição ao Poder Judiciário, que, em razão de leis chamadas popularmente de leis da mordaça, viram o trabalho e a autonomia do Judiciário serem cerceados.

Os diversos escândalos envolvendo empresas privadas, principalmente com membros dos Poderes Legislativo e Executivo, demonstram a fragilidade desses poderes em cumprir as obrigações para as quais foram pensados e criados. Atualmente, é cada vez mais frequente haver denúncias de favorecimento entre membros dos poderes, com a finalidade única de manter os seus cargos e o seu poder político.

Exemplo

No caso brasileiro, a Operação Lava-Jato, por exemplo, revelou a participação de membros dos três poderes em ações criminais de corrupção, ou seja, aqueles que deveriam legislar em benefício do povo e da nação passaram a legislar em benefício próprio e de interesses privados, aqueles que deveriam cumprir as funções de administrar os interesses públicos passaram a administrar em benefício próprio e de terceiros e aqueles que deveriam sancionar e penalizar passaram a perdoar corruptos e a penalizar os mais desfavorecidos.

Ora, você consegue perceber alguma semelhança com as formas degeneradas de governo? Para o doutrinador Luigi Ferrajoli (2014, p. 40):

> A crise do "alto" da democracia e de dissolução da representação, nesses últimos anos, foi a crescente integração dos partidos no Estado e o consequente desaparecimento de uma ulterior separação entre partidos e instituições com

a sociedade. É cada vez mais estreita a relação entre dinheiro, informação e política: dinheiro para fazer política e informação, informação para fazer dinheiro e política, política para fazer dinheiro e informação, segundo um ciclo vicioso que se traduz no crescente condicionamento anti ou extra representativo da ação do governo.

De fato, a visão de Ferrajoli (2014) reflete o atual cenário mundial, pois é cada vez mais frequente a violação da democracia, que tem sido utilizada para interesses próprios e de certa minoria. Como uma Torre de Babel, percebe-se que é utopia pensar em poderes autônomos e harmônicos entre si, visto a frequente relação entre os poderes públicos e os privados.

Exemplo

No caso da Operação Lava-Jato, fica visível o fato de não ser mais possível separar corruptor e corrompido. Dada a força de grandes empresas, os poderes e os seus dirigentes, eleitos ou não pelo povo, tornaram-se reféns de empresas privadas e, como medidas extremistas, passaram a criar barreiras para se autodefenderem, em total desprezo às normas legais.

Ainda segundo Ferrajoli (2014), tal situação é uma aberração institucional que comporta uma deformação do sistema político e da democracia incomparavelmente mais grave do que as formas tradicionais, ainda que patológicas e delinquenciais da corrupção.

Convém destacar que, no passado, o jurista Tocqueville (1805–1859) já sinalizava a crise da separação dos poderes na democracia, pois, segundo o prestigiado jurista, todo e qualquer projeto de lei que ferisse a Constituição de um país não deveria sequer ser apreciado — caso fosse, seria retido pelo Poder Judiciário. Contudo, na atualidade, com um poder cada vez mais limitado e sem recursos, o Judiciário se tornou refém dos demais poderes; em especial, do Executivo.

A ideologia de Norberto Bobbio (1909–2004) de que o principal ponto característico da democracia seria o respeito à eleição e ao desejo do povo e das instituições, não às ações políticas em si, não reflete a realidade, principalmente no caso brasileiro, com o mando e desmando de deputados, senadores, superjuízes e presidentes, que insistem em atuar como se fossem reis e soberanos. Estaríamos diante do fim da democracia e do fortalecimento de formas degeneradas de governo — ou, na realidade, há somente uma crise de poderes?

Referências

BASTOS, C. R. *Curso de teoria do Estado e ciência política*. 6. ed. São Paulo: Saraiva, 2004.

BOBBIO, N. *A teoria das formas de governo*. 9. ed. Brasília: Universidade de Brasília,1997.

BONAVIDES, P. *Ciência política*. São Paulo: Malheiros, 2007.

FERRAJOLI, L. *Poderes selvagens:* a crise da democracia italiana. São Paulo: Saraiva, 2014.

FILOMENO, J. G. B. *Teoria geral do Estado e da constituição*. 10. ed. rev., atual. e ampl. Rio de Janeiro: Forense, 2016.

FILOMENO, J. G. B. *Manual de teoria geral do Estado e ciência política*. 6 ed. Rio de Janeiro: Forense Universitária, 2006.

MAQUIAVEL. *O príncipe*. São Paulo: Martin Claret, 2003. t. 1.

MONTESQUIEU. *Do espírito das leis*. São Paulo: Abril Cultural, 1973.

SAMPAIO, J. A. L. *A constituição reinventada pela jurisdição constitucional*. Belo Horizonte: Del Rey, 2002.

Leituras recomendadas

ACQUAVIVA, M. C. *Teoria geral do Estado*. 3. ed. Barueri: Manole, 2010.

MORAES, A. de. *Direito constitucional*. 32. ed. rev. e atual. São Paulo: Atlas, 2016.

BITTAR, E. C. B. *Teoria do Estado:* filosofia política e teoria da democracia. 5. ed. rev. atual. e modificada. São Paulo: Atlas, 2016.

Sistemas de governo

Objetivos de aprendizagem

Ao final deste texto, você deve apresentar os seguintes aprendizados:

- Apresentar os sistemas de governo.
- Explicar o sistema presidencialista.
- Explicar o sistema parlamentarista.

Introdução

Neste capítulo, você vai ler a respeito do nascimento de importantes sistemas governamentais responsáveis pelo funcionamento de cada país. Primeiro, serão analisados e nomeados cada um dos sistemas, ou seja, o presidencialismo, o semipresidencialismo e o parlamentarismo. Na sequência, será aprofundado o estudo dos sistemas de governo presidencial e parlamentar, relacionando-os e diferenciando-os entre si.

Aproveite a análise dos sistemas de governo e comprove a sua importância para o Estado.

Dos sistemas de governo

Segundo o professor José Geraldo Brito Filomeno (2016, p. 191), os **sistemas de governo** seriam "os tipos de exercício das funções do poder político, de acordo com o relacionamento que mantenham entre si os órgãos das funções legislativas, de um lado, e executiva, de outro".

Nesse sentido, você pode entender que, independentemente do sistema de governo adotado (presidencialismo, semipresidencialismo ou parlamentarismo) e de ter sido criado ou ser decorrente de um processo evolutivo político, cada um possui particularidades importantes para o funcionamento de um país.

Além disso, o sistema de governo não deve ser confundido com as formas de governo nem com as formas de Estado (unitário, regional ou federativo); assim, o sistema de governo se relaciona entre os Poderes Executivo e Legislativo, e a forma de governo, entre os governantes e governados.

Tratando-se da relação política entre Executivo e Legislativo, atualmente é perceptível um grande embate entre esses poderes, agravado principalmente por crises políticas que têm assolado diversos países, bem como escândalos de corrupção envolvendo líderes políticos. O Brasil e a Venezuela, por exemplo, principalmente desde 2016, sofrem com a desestabilização do poder, do sistema político e das formas de governo adotadas. Como resultado, os especialistas políticos e os parlamentares passaram a destacar a necessidade de uma urgente reformulação das concepções de governo adotadas na atualidade, seja em relação à forma de governo ou ao sistema adotado, pois, do contrário, a sociedade seguiria sofrendo as mazelas de um desgoverno presidencialista, parlamentarista ou semipresidencialista.

Presidencialismo

O presidencialismo é o sistema de governo adotado pelo Brasil e pela maioria dos países americanos. Esse fato decorre principalmente em razão do seu surgimento, visto que, ao contrário do sistema parlamentarista, o sistema presidencial não evoluiu com o tempo, como ocorreu com o parlamentarismo.

O **sistema presidencial** nasceu nos Estados Unidos da América (EUA) em consequência da revolução liberal norte-americana e da Constituição de 1787 (Filadélfia), a qual previa a monarquia constitucional eletiva, ou melhor, a república como forma de governo e a adoção do presidencialismo como sistema. Nesse novo sistema, um indivíduo seria eleito pelo povo e teria a responsabilidade de exercer a função de chefe de Estado e chefe de governo. No caso dos EUA, o primeiro presidente eleito foi George Washington (1789–1797).

No presidencialismo, o presidente é eleito por meio de sufrágio universal (voto) para administrar e governar o Estado por um certo período de tempo, que depende da legislação de cada País. No Brasil, por exemplo, é por um período de 4 anos, admitida uma reeleição. Ressalta-se que, junto com o presidente, também é eleito o vice-presidente. O presidente, diversamente do primeiro-ministro (sistema parlamentar), exerce a função de chefe de Estado e chefe de governo; por isso, detém maior poder hierárquico, como, por exemplo, o de rejeitar lei propostas pelo Congresso.

No Congresso (Poder Legislativo), os membros que o compõem (bicameral — duas câmaras) são eleitos por meio de sufrágio universal, como, por exemplo, os deputados e senadores; já os ministros são indicados pelo presidente. Assim, é possível perceber a separação de poderes idealizada por Aristóteles e aprofundada por John Locke e Montesquieu, sobretudo no que diz respeito ao

Executivo na pessoa do presidente e ao Legislativo em relação ao Congresso. Nesse sentido, ao final, há dois centros de poder institucionalizados, nos quais não há um órgão governamental que, em caso de conflito entre os Poderes Executivo e Legislativo, interponha-se como mediador.

No sistema presidencialista brasileiro, caso o presidente, durante o seu governo, cometa algum crime de responsabilidade previsto na Lei nº. 1.079, de 10 de abril de 1950, estará sujeito ao processo de *impeachment*, cuja autorização compete à Câmara dos Deputados (art. 51, I, da Constituição Federal de 1988), mas cujos processo e julgamento são de competência do Senado Federal (art. 52, I, da Constituição Federal de 1988).

Link

No caso do Brasil, a ex-presidente Dilma Rousseff foi destituída do cargo presidencial e substituída pelo vice--presidente, atual presidente Michel Temer, em 2016, em consequência de um processo de *impeachment*. Para saber mais, veja o link da cronologia do processo instalado contra a ex-presidente:

https://goo.gl/I6Ra5J

Segundo Sartori (1993), para que um sistema presidencialista seja considerado puro, como é o dos EUA, deve reunir os seguintes critérios:

1. a escolha do chefe de Estado (presidente) resulta de eleições populares;
2. durante o mandato preestabelecido, o chefe de Estado não pode ser demitido pelo voto parlamentar;
3. o chefe de Estado chefia o governo ou governos por ele próprio nomeados.

Uma das principais críticas ao sistema presidencialista é que, em razão da aliança entre o presidente e os partidos aliados, ocorre um desequilíbrio de poder e o favorecimento, em desprezo das obrigações governamentais e do povo.

> **Fique atento**
>
> No caso do Brasil, a Constituição Federal de 1988 prevê, nos arts. 84 a 86, as atribuições e responsabilidades do presidente da República; já os arts. 44 a 75 abordam a organização do Poder Legislativo brasileiro. Leia e estude os artigos constitucionais.

E você, o que pensa sobre o sistema presidencialista?

Semipresidencialismo

O semipresidencialismo é uma mescla do parlamentarismo e do presidencialismo. Tal sistema se originou na França (Revolução Francesa), com a culminação da Constituição de 1791 e a instituição da monarquia constitucional. Posteriormente, com a Constituição de 1793, surgiu na França o governo da assembleia — parlamento.

No **semipresidencialismo**, ainda que o presidente possua autonomia de poder, compartilha-a com o primeiro-ministro. Logo, diferentemente do sistema presidencialista e do parlamentarismo, o presidente exerce a função de chefe de Estado, e o primeiro-ministro, a função de chefe de governo. Ao povo, por meio do sufrágio universal, é concedido o poder de eleger o presidente e os membros que compõem as câmaras parlamentares.

Convém destacar que, no sistema semipresidencial, o presidente tem o poder de primeiro-ministro, mas cabe ao Parlamento, em caso de necessidade, destituir o primeiro-ministro. Essa regra, porém, não é absoluta, pois o presidente tem o poder discricionário de dissolver ao Parlamento; logo, com isso, destitui-se o primeiro-ministro.

> **Fique atento**
>
> Considerando o maior equilíbrio entre os Poderes Executivo e Legislativo (estrutura bicameral), o sistema de governo semipresidencialista tem sido cogitado por especialistas políticos como a melhor alternativa de sistema de governo para gerenciar um país.

Você acha que o sistema semipresidencialista poderia ser uma alternativa para o Brasil? Opine e discuta com os seus colegas a respeito.

Parlamentarismo

O parlamentarismo é um sistema de governo representativo que, diferentemente do presidencialismo, originou-se por meio de longo e contraditório processo evolutivo político monárquico, decorrente de embates de poder entre os conselheiros (Grande Conselho) e o monarca regente do Reino Unido, o que deu origem a revoluções e conflitos.

Os conselheiros reais, compostos por representantes do clero e da nobreza, tinham a incumbência de auxiliar e orientar o rei na administração do reino, fato marcado durante o século XII. Contudo, no reinado de Henrique III, o Grande Conselho, que viria a ser chamado posteriormente de Parlamento, era desprestigiado pelo rei e, em consequência da necessidade de apoio financeiro, de respeito à Magna Carta de 1215 e da pressão dos membros do Grande Conselho, Henrique III teve que ceder e conferir ao Grande Conselho o *status* de Parlamento.

O parlamentarismo aflorou em razão da famosa revolução inglesa, *A Gloriosa*, que nada mais foi do que a deposição do rei Jaime II pela sua filha Maria e pelo seu genro holandês Guilherme de Orange. Somada à Declaração de Direitos (*Bill of Rights*), a revolução findou o absolutismo monárquico, pois, a partir de então, o rei não governaria sem o apoio do Parlamento, surgindo, dessa forma, o gabinete ministerial parlamentar (*cabinet*), o qual seria presidido por um primeiro-ministro.

Diversamente do presidencialismo, no surgimento do sistema parlamentar inglês, o rei exerceu a função de chefe de Estado e, ao primeiro-ministro, competia a função de chefe de governo.

Segundo dados históricos, em 1721, Sir Robert Walpole foi nomeado como primeiro-ministro inglês, competindo-lhe liderar e conduzir as decisões do parlamento, informando-as ao soberano.

Para Sartori (1993, p. 192):

> Desde o ponto de vista Legislativo é atribuído o direito e dever de legislar sobre grande quantidade de procedimentos de natureza particular, administrativa e meramente regulamentar. E desde o ponto de vista executivo significa que o governo sente-se obrigado a governar — legislando, ou seja, tornar executivas as decisões políticas (não necessariamente todas), segundo a forma das normas jurídicas.

O parlamento inglês, por exemplo, é bicameral (ou seja, composto por duas câmaras): a comum ou alta, cujos membros são eleitos por voto, e a dos lordes ou baixa, cujos membros são nomeados pelo rei. Convém destacar que alguns países que adotam o sistema parlamentar utilizam o sistema unicameral (única câmara), como é o caso da Grécia.

No parlamentarismo, para que o parlamento seja dissolvido, é necessária a realização de eleições, fato distinto do sistema semipresidencial. Essa possibilidade, no sistema parlamentar, decorre do fato de não haver prazo fixo para que o primeiro-ministro ocupe o cargo, uma vez que a sua adoção e o seu funcionamento do governo dependem da confiança com o Parlamento.

Você sabe dizer quais e quantos países adotam o regime parlamentar? Aproveite o estudo do tema e investigue.

Parlamentarismo dualista e parlamentarismo monista

Parafraseando o professor Paulo Bonavides (2007), o parlamentarismo dualista seria o processo evolutivo e histórico com o encontro das prerrogativas monárquicas em declínio, com a autoridade política do povo em ascensão, com a igualdade e a colaboração entre o executivo e o legislativo, e meios de ação recíproca no funcionamento do Executivo e do Legislativo.

Já o parlamentarismo monista teria como base a soberania popular, de governo parlamentar, com predomínio da assembleia em relação à competência do presidente da República. Para Bonavides (2007), o presidente cuja autoridade procede o executivo seria diminuída para o exercício de uma magistratura moral implícita nas funções de chefia de Estado.

Importante destacar que a maioria dos países europeus adota o sistema parlamentarista.

Saiba mais

Para saber mais sobre o tema e analisar as vantagens e desvantagens de cada sistema de governo, consulte o livro *Ciência política* (BONAVIDES, 2007).

Referências

BONAVIDES, P. *Ciência política*. São Paulo: Malheiros, 2007.

FILOMENO, J. G. B. *Teoria geral do Estado e da constituição*. 10. ed. rev., atual. e ampl. Rio de Janeiro: Forense, 2016.

MEGACURIOSO. *4 coisas em que o parlamentarismo é diferente do presidencialismo*. 2016. Disponível em: <https://www.megacurioso.com.br/politica/98325-4-coisas-em-que-o-parlamentarismo-e-diferente-do-presidencialismo.htm>. Acesso em: 23 ago. 2017.

SARTORI, G. *Nem presidencialismo, nem parlamentarismo*. Revista Novos Estudos, v. 35, mar. 1993.

RIBEIRO, R. *Presidencialismo de coalizão:* hora de rever algumas convicções? 2014. Disponível em: <economistax.blogspot.com.br/2014/08/presidencialismo-de-coalizao-hora-de.html>. Acesso em: 23 ago. 2017.

Leituras recomendadas

BASTOS, C. R. *Curso de teoria do Estado e ciência política*. 6. ed. São Paulo: Saraiva, 2004.

BOBBIO, N. *A teoria das formas de governo*. 9. ed. Brasília: Editora Universidade de Brasília,1997.

FERRAJOLI, L. *Poderes selvagens:* a crise da democracia italiana. São Paulo: Saraiva, 2014.

SARTORI, G. *Elementos de teoría política*. Madrid: Alianza Editorial, 2002.

STRECK, L. L.; MORAIS, J. L. B. de. *Ciência política e teoria geral do Estado*. 7. ed. Porto Alegre: Livraria do Advogado, 2010.

O Estado constitucional

Objetivos de aprendizagem

Ao final deste texto, você deve apresentar os seguintes aprendizados:

- Definir a criação dos Estados modernos (constitucionais).
- Apontar a influência das declarações de direitos nas constituições.
- Diferenciar federação, confederação e Estado unitário.

Introdução

Neste capítulo, você aprofundará os seus conhecimentos sobre a história geral. Serão abordadas as ideias filosóficas e revoluções que marcaram a transição do feudalismo para o absolutismo, liberalismo e Estado social de direito.

Assim, abordaremos a criação dos Estados modernos para então entender a influência da Declaração dos Direitos do Homem e do Cidadão de 1789 nas constituições, principalmente a brasileira, e diferenciar as formas de Estado (federação, confederação e Estado unitário). Aproveite o capítulo e vamos à história!

Dos Estados modernos

Segundo o professor Reinaldo Dias (2013, p. 226), o Estado constitucional:

> É aquele que oferece garantias do império da lei e de vários direitos e liberdades civis e políticas e é governado por autoridades, que devem necessariamente incluir assembleias representativas, eleitas por sufrágio universal e por maiorias numéricas entre todos os cidadãos, em eleições realizadas a intervalos regulares entre candidatos e/ou organizações que competem entre si.

Para entender como surgiram os Estados modernos, é fundamental voltar à Idade Média, pois esse período permite identificar os principais elementos responsáveis pelo surgimento da burguesia, a perda de poder do clero (Igreja), a crise do feudalismo, o surgimento do absolutismo, a expansão comercial e a soberania territorial.

A **Igreja**, por longos anos, exerceu um papel muito importante na tomada de decisões do reino (monarquia), principalmente devido à ideia de que o rei seria um enviado divino, ou seja, o poder não somente era passado de geração em geração, mas também seria um poder divino. Por consequência, era comum, na Idade Média, a autorização papal e a intervenção do clero em diversos assuntos relacionados à condução da monarquia, por isso alguns reis ficaram conhecidos na história como católicos.

Para manter o luxo da monarquia e do clero, altos impostos eram cobrados dos pobres, que, de uma maneira geral, viviam em péssimas condições de sobrevivência e subordinação. Com a crise do feudalismo e a falta de um poder centralizado (período da baixa Idade Média), agravadas pelas revoltas dos camponeses com os seus senhores feudais, os reis passaram a se fortalecer.

Ainda durante esse período, houve um significativo progresso econômico como consequência do surgimento de inovações tecnológicas para a época, como os moinhos.

A burguesia, até então desprestigiada pelos nobres, crescia e se fortalecia. Assim, ao tentar expandir os seus negócios para além das fronteiras, buscou estreitar laços com a monarquia. O objetivo era evitar que os altos impostos e as diferentes moedas não continuassem sendo obstáculos comerciais — dessa forma, passaram a apoiar a centralização do poder da monarquia.

A crise no sistema feudal, as guerras, a expansão territorial e o empobrecimento da monarquia e do clero seguiam avançando. Consequentemente, surgia o **Estado moderno**, também chamado de Estado nacional. Nascia o Estado absolutista, com poder absoluto da monarquia. No absolutismo, os senhores feudais já não gozavam do poder de legislar, ter exércitos e administrar tudo relacionado ao seu feudo, pois, a partir daquele momento, o rei era o senhor. Com o surgimento do Estado moderno e o fortalecimento dos reis, o clero deixou de ocupar o espaço de autoridade, o que foi de grande transformação para a época.

A partir disso, os feudos foram reunidos e houve uma limitação territorial e unificação das moedas, o que facilitou a venda dos produtos comercializados pelos burgueses. Além disso, as tropas militares passaram a zelar pela segurança do rei, dos nobres, dos burgueses que saíam para vender pelas fronteiras, do clero e do povo. Surgia a **burocracia** — como consequência, houve a necessidade de nomear pessoas para criação de leis, cobrança dos impostos e outras atividades. Essas pessoas eram chamadas de funcionários e, em regra, eram nobres; porém, cabe lembrar que a compra de título da nobreza por parte dos burgueses era comum na época, a fim de ocuparem cargos de funcionários.

No Estado absolutista, imperava a vontade do governante, ou melhor, do rei, em desprezo ao povo, que não tinha o direito de expressar as suas vontades. Portanto, aquilo que o governante determinava deveria ser cumprido.

Será que você consegue perceber alguma semelhança entre a relação de interesses entre burguesia e reis e entre reis e burguesia com os dias atuais?

Com o passar dos anos, no século XVIII, surgia o **liberalismo**, corrente defendida por pensadores como Locke, que pregava a liberdade individual da propriedade privada do indivíduo, a liberdade em manifestar pensamentos e opiniões sobre o Estado, bem como a vida social e privada.

O liberalismo fez nascer o **Estado liberal**, que, diversamente do absolutismo, visava afirmar a separação dos poderes, a separação do Estado e da Igreja, o reconhecimento dos direitos, as garantias individuais, entre outros.

Fique atento

A Revolução Americana de 1776 e a Revolução Francesa de 1789 (esta marcada pela máxima igualdade, fraternidade e liberdade) representaram marcos históricos da expressão do pensamento liberalista e da luta pelo fim da opressão que vivia o povo.

O Estado liberal possibilitou a criação de constituições, a liberdade individual da propriedade, a internacionalização econômica da burguesia, a separação de poderes, a escolha da forma e do sistema de governos, a limitação dos poderes dos Estados, a garantia ao sufrágio, ainda que limitado a determinadas pessoas e classes sociais, e, consequentemente, o Estado de Direito.

O conflito entre as ideias liberalistas e socialistas da época, o empobrecimento das classes sociais e a instalação da Primeira Guerra Mundial contribuíram para o surgimento do **Estado social**. As classes trabalhadoras, inconformadas com o desnivelamento social causado pelo Estado liberal, recorriam às lutas sociais como estratégia para que lhes fossem assegurados os direitos básicos, surgindo, assim, a classificação dos direitos da primeira, segunda e terceira gerações, bem como a inserção de preceitos igualitários e sociais nas constituições federais da época.

As garantias sociais (como, por exemplo, educação, saúde, previdência e outros de um Estado social) foram primeiramente materializadas na Constituição mexicana de 1917 e posteriormente na Constituição alemã de Weimar de 1919. No transcorrer dos anos e das lutas sociais, em 1948 surgiu a Declaração Universal dos Direitos do Homem, passando a se adaptar e se reconstruir, influenciando as constituições de diversos países, como o Brasil. O Estado social logo daria lugar ao **Estado Democrático de Direito**, que aperfeiçoaria a concepção do Estado social, o fortalecimento da constituição, a participação popular e o cumprimento das leis.

Influência da Declaração de Direitos do Homem e do Cidadão de 1789

Inspirada nas ideias iluministas (liberdade, igualdade e fraternidade) e naturalistas (igualdade e liberdade do indivíduo ao nascer) da época, na Declaração de Independência Norte-americana de 1776 e na *Bill of Rights* (Declaração de Direitos) inglesa de 1689, foi promulgada em 26 de agosto de 1789, pela Assembleia Nacional Francesa, logo após a Revolução Francesa, a Declaração dos Direitos do Homem e do Cidadão, ratificada pelo rei francês Luís XVI em outubro do mesmo ano.

> **Fique atento**
>
> A Declaração dos Direitos do Homem e do Cidadão de 1789 é considerada um dos pilares dos direitos humanos, visto que representou um divisor de águas para o Direito mundial.

Os seus preâmbulos, somados aos 17 artigos, estabeleceram a garantia aos direitos naturais, inalienáveis e sagrados do homem, além da soberania nacional, a liberdade, a propriedade, a segurança, a igualdade, a proporcionalidade e a separação entre os poderes. Tal Declaração influenciou significativamente a construção e reconstrução das constituições da época e dos anos seguintes, como, por exemplo, a portuguesa, a chilena, a angolana, a belga e atual Constituição Federal brasileira.

Para que você veja o quanto a Declaração dos Direitos do Homem e do Cidadão de 1789 (A DECLARAÇÃO..., 2017) influenciou a Constituição Federal brasileira (BRASIL, 1988), alguns artigos de ambas serão apresentados a seguir.

> CF, art. 1º — Parágrafo único. Todo o poder emana do povo, que o exerce por meio de representantes eleitos ou diretamente, nos termos desta Constituição.
> DDHC, art. 6º — A lei é a expressão da vontade geral. Todos os cidadãos têm o direito de concorrer, pessoalmente ou através de mandatários, para a sua formação.
> CF, art. 5º, LIV — Ninguém será privado da liberdade ou de seus bens sem o devido processo legal.
> DDHC, art. 7º — Ninguém pode ser acusado, preso ou detido senão nos casos determinados pela lei e de acordo com as formas por esta prescritas.
> CF, art. 5º, LVII — Ninguém será considerado culpado até o trânsito em julgado de sentença penal condenatória.
> DDHC, art. 9º — Todo acusado é considerado inocente até ser declarado culpado e, caso seja considerado indispensável prendê-lo, todo o rigor desnecessário à guarda da sua pessoa deverá ser severamente reprimido pela lei.
> CF, art. 5º, XXV — No caso de iminente perigo público, a autoridade competente poderá usar de propriedade particular, assegurada ao proprietário indenização ulterior, se houver dano.
> DDHC, art. 17 — Como a propriedade é um direito inviolável e sagrado, ninguém dela pode ser privado, a não ser quando a necessidade pública legalmente comprovada o exigir e sob condição de justa e prévia indenização.

Saiba mais

Para saber mais sobre a Declaração dos Direitos do Homem e do Cidadão, acesse o link abaixo ou o código ao lado e confira o infográfico:

https://goo.gl/3QpsZg

Formas de Estado

Atualmente, em consequência da crise que assola o mundo, os governos cogitam a possibilidade de reformular as suas formas, os seus sistemas de governo e também as formas de Estado. De acordo com o preâmbulo da Constituição

Federal brasileira de 1988, o Brasil adotou a federação como forma de Estado, além de ser considerado um Estado Democrático. Veja o recorte do preâmbulo da Constituição Federal de 1988:

> Nós, representantes do povo brasileiro, reunidos em Assembleia Nacional Constituinte para instituir um Estado Democrático, destinado a assegurar o exercício dos direitos sociais e individuais, a liberdade, a segurança, o bem-estar, o desenvolvimento, a igualdade e a justiça como valores supremos de uma sociedade fraterna, pluralista e sem preconceitos, fundada na harmonia social e comprometida, na ordem interna e internacional, com a solução pacífica das controvérsias, promulgamos, sob a proteção de Deus, a seguinte CONSTITUIÇÃO DA REPÚBLICA FEDERATIVA DO BRASIL (BRASIL, 1988).

Como o preâmbulo da Constituição Federal reafirma, nos seus diversos artigos, a federação como forma de Estado, é importante ressaltar que existem outras formas de Estado, como, por exemplo, Estado unitário e a confederação. Veja a diferença entre eles.

Federação — é uma forma de Estado que, segundo o professor Paulo Roberto F. Dantas, é um:

> Modelo de Estado formado pela união permanente de dois ou mais entes estatais que, abrindo Mao da soberania em favor de um ente central, que corporifica e responde pela Federação, conservam, porém parcela considerável de autonomia, que lhes permite graus variáveis de auto-organização, autogoverno, autoadministração e de arrecadação de receitas próprias, levando em conta as peculiaridades de cada país, expressas em suas respectivas constituições federais (DANTAS, 2015, p. 546).

Com relação à federação, cabe destacar que a Constituição Federal é o principal instrumento legal do Estado, que apresenta, entre as suas responsabilidades, fixar as competências e a autonomia dos Estados federativos, que, por intermédio dos seus deputados, intervêm nas decisões da República.

O Brasil, por exemplo, adota a federação como forma de Estado — assim, as 27 unidades federativas do País estão submetidas à Constituição Federal (BRASIL, 1988), que prevê, no art. 1º, que "A República Federativa do Brasil, formada pela união indissolúvel dos Estados e Municípios e do Distrito Federal, constitui-se em Estado Democrático de Direito".

Ainda com relação à federação, é vedado ao Estado-membro o direito de secessão, ou seja, de retirar-se da federação. Nesse sentido, nenhum Estado--membro brasileiro pode separar-se do Brasil, devido à forma de Estado adotada.

Estado simples ou unitário — nessa forma de Estado, o poder é centralizado em uma única unidade de poder político interno ou única ordem jurídica, como estabelecimento de uma constituição para toda a nação, como, por exemplo, Reino Unido, Espanha, França, Portugal, África do Sul, Chile e diversos outros países (NOVELINO, 2014). A Espanha, por exemplo, é um país dividido em 17 comunidades autônomas, sendo que duas delas há anos lutam por independência do poder central do país: o País Basco e a Catalunha. A Catalunha, por exemplo, em 2017, realizou um referendo para se tornar independente da Espanha.

Confederação — trata-se de uma associação de estados soberanos que, em razão da semelhança de seus objetivos e planos políticos e mediante um tratado internacional, unem-se. Diferentemente da federação, na confederação, é permitida ao estado confederado a secessão, ou seja, retirar-se da confederação. Na confederação, a soberania, a nacionalidade e a autonomia territorial de cada Estado são mantidas, assim como o Judiciário e Executivo, sendo o Congresso Confederal estabelecido como órgão único entre os Estados confederados.

Segundo Alexandre de Moraes (2017), a confederação consiste na união de Estados soberanos por meio de um tratado internacional dissolúvel.

Referências

A Declaração dos Direitos do Homem e do Cidadão. 2017. Disponível em: <https://br.ambafrance.org/A-Declaracao-dos-Direitos-do-Homem-e-do-Cidadao>. Acesso em: 27 ago. 2017.

BRASIL. Constituição (1988). *Constituição da República Federativa do Brasil*. Brasília, DF: Senado Federal, 1988. Disponível em: <http://www.planalto.gov.br/ccivil_03/constituicao/constituicaocompilado.htm>. Acesso em: 27 ago. 2017.

DANTAS, P. R. de F. *Curso de Direito constitucional*. 4. ed. São Paulo: Atlas, 2015.

DIAS, R. *Ciência política*. 2. ed. São Paulo: Atlas, 2013.

MORAES, A. de. *Direito constitucional*. 33. ed. rev. e atual. São Paulo: Atlas, 2017.

NOVELINO, M. *Manual de Direito constitucional*. 9. ed. rev. e atual. Rio de Janeiro: Forense; São Paulo: Método, 2014.

Leituras recomendadas

BASTOS, C. R. *Curso de teoria do Estado e ciência política*. 6. ed. São Paulo: Saraiva, 2004.

BONAVIDES, P. *Ciência política*. São Paulo: Malheiros, 2007.

UNIDADE 4

O Estado de Direito

Objetivos de aprendizagem

Ao final deste texto, você deve apresentar os seguintes aprendizados:

- Identificar os elementos caracterizadores do Estado de Direito.
- Analisar as fases do Estado de Direito.
- Demonstrar a importância da democracia no Estado de Direito.

Introdução

Neste capítulo, você identificará os elementos caracterizadores do Estado de Direito, analisando as suas fases e traçando um paralelo com os direitos fundamentais, em específico as gerações de direitos fundamentais, além de avaliar a visão contemporânea da democracia no Estado de Direito.

Dos elementos do Estado de Direito

No seu caminho histórico, a significação de Estado de Direito é tema de grande questionamento doutrinário, principalmente em relação ao seu nascimento. De maneira geral, sabe-se que surgiu no Estado liberal, em meados dos séculos XVIII e XIX, trazendo o fim do absolutismo e a expansão do liberalismo (Estado liberal).

A definição de Estado de Direito que foi globalizada teve como origem principal o Direito alemão, com a explicação de *Rechtsstaat* para Estado de Direito, defendida em 1832 pelo professor Robert Von Mohl, no livro *Die Polizei-Wissenschaft nach den Grundsätzen des Rechtsstaates*, pela garantia de liberdade do indivíduo em relação ao Estado absolutista. Da mesma forma, ocorreu a defesa do surgimento pretérito do Estado de Direito, em específico na Constituição de Weimar de 1919, no *Rule of Law* do Direito inglês (difusão do princípio da igualdade jurídica), no *Rule of Law* norte-americano e no *Etat de Droit* (Estado de Direito) francês.

> **Saiba mais**
>
> Para saber mais sobre o tema, veja o livro *O Estado de direito* (CHEVALLIER, 2015).

De maneira ampla, o Estado de Direito consistia no poder político submetido a um sistema jurídico, cuja finalidade básica era assegurar os interesses individuais, protegendo-os das possíveis arbitrariedades do Estado, sobretudo em atenção às ideias liberalistas já consagradas à época.

Para Jacques Chevallier (2015, p. 15):

> O surgimento do Estado Totalitário e Autoritário durante o Século XX mostra por outro lado que o Estado de Direito é uma fachada que recobre uma concepção puramente instrumental de Direito. O Estado de Direito é uma realidade intangível por essência evolutiva e pode ficar reduzido a sua negação pelo processo de desnaturalização da forma estatal.

A visão crítica de Chevallier (2015) está vinculada às grandes controvérsias dogmáticas da doutrina sobre o Estado de Direito, que costumam vinculá-lo e, muitas vezes, confundi-lo com o Estado liberal, o Estado Democrático e o Estado Constitucional. O Brasil, por exemplo, adotou a expressão **Estado Democrático de Direito**, definida na década 1960 pelo espanhol Elias Diaz, defensor do Estado Democrático de Direito como um Estado de estrutura econômica socialista, condição necessária para a constituição de uma verdadeira democracia na atualidade.

Uma vez que a visão de Estado de Direito era garantir a liberdade do direito do indivíduo, reconhecendo-lhe o direito de cidadão e exercício democrático, alguns elementos ficaram marcados na história como bases do Estado de Direito.

Afinal, quais seriam esses elementos? Eles serão vistos, a seguir, em destaque:

Controle constitucional — a Constituição, sem sombras de dúvidas, representou o principal elemento do Estado de Direito, pois, para doutrinadores e juristas da época, a Constituição seria um conjunto de normas responsáveis por garantir os direitos e deveres do indivíduo e a divisão dos poderes em Legislativo, Executivo e Judiciário, assegurando a preservação do interesse público em suas competências e limitações jurídicas e políticas. O Judiciário, por fim, não seria mais uma peça solta e sem importância, mas, com o passar dos anos até a atualidade, desempenharia papel-chave na resolução de crimes de interesse público. No caso da Alemanha, por exemplo, a Constituição é escrita e flexível, ao contrário da Constituição inglesa, que não é escrita e contém um conjunto de normas tradicionais jurídicas — Direito costumeiro. Já a Constituição brasileira de 1998 é escrita como a alemã, mas, com relação à rigidez, trata-se de uma Constituição rígida. Você recorda como se classificam as Constituições?

Divisão de poderes — quanto à divisão de poderes, recorde a clássica divisão criada por Montesquieu (1985), pulverizada no liberalismo em Poderes Legislativo, Executivo e Judiciário. No Estado de Direito, a separação criada por Montesquieu deveria ser fixada nas constituições, para que assim ficassem claras a diferenciação e a limitação de cada órgão e fosse possível assegurar equilíbrio e proteção dos direitos subjetivos.

No Brasil, a Constituição Federal brasileira de 1988 prevê, no art. 2º, que "São Poderes da União, independentes e harmônicos entre si, o Legislativo, o Executivo e o Judiciário", tratando-os especificamente no Título IV — Da Organização dos Poderes. Em resumo, o Poder Legislativo brasileiro é composto por deputados federais, deputados estaduais, senadores e vereadores; o Poder Executivo, pelo presidente, por governadores e prefeitos; já o Judiciário, por juízes, tribunais estaduais e pelo Supremo Tribunal Federal (STF) (BRASIL, 1988).

A divisão de poderes contribui não somente para estabelecer os limites de atuação de cada órgão, mas facilita ao cidadão valer-se da norma legal, principalmente da Constituição, para cobrar de seus representantes políticos o cumprimento dos direitos fundamentais, os quais, no caso brasileiro, estão previstos no Título II — Dos Direitos e Garantias Fundamentais, no Capítulo I — Dos Direitos e Deveres Individuais e Coletivos: "Art. 5º Todos são iguais perante a lei, sem distinção de qualquer natureza, garantindo-se aos brasileiros e aos estrangeiros residentes no País a inviolabilidade do direito à vida, à liberdade, à igualdade, à segurança e à propriedade [...]" (BRASIL, 1988). No Capítulo II — Dos Direitos Sociais, art. 6º, a Constituição Federal prevê que "São direitos sociais a educação, a saúde, a alimentação, o trabalho, a moradia, o transporte, o lazer, a segurança, a previdência social, a proteção à maternidade e à infância, a assistência aos desamparados, na forma desta Constituição" (BRASIL, 1988).

Nesse sentido, aproveite e leia a Constituição Federal de 1988 (BRASIL, 1988).

Legalidade — legalidade advém da expressão legal; logo, no Estado de Direito, pressupõe-se a ideia de que os atos políticos ou particulares devam ser realizados nos termos da lei, pois, do contrário, seria um Estado totalitário ou autoritário e não de direito. Com relação ao Poder Público, o princípio da legalidade é fundamental para a democracia, pois, quando o representante do povo deixa de observar as normas legais para agir em benefício próprio ou por vontade própria, atua fora do interesse público. Nesse sentido, será que atualmente os governantes têm observado o princípio da legalidade ou estão atuando com vontade própria ou benefício próprio?

Liberdade individual — pressupõe a máxima prevista na Declaração dos Direitos do Homem e do Cidadão de 1789: "Art. 4º A liberdade consiste em poder fazer tudo o que não prejudique o próximo [...]" (Declaração..., 2017).

> **Fique atento**
>
> As garantias fundamentais e a igualdade jurídica também podem ser consideradas elementos do Estado de Direito, pois o estabelecimento de limites do poder do Estado na preservação dos direitos e das garantias dos indivíduos, os direitos fundamentais e a afirmação de que todos são iguais perante a lei constituem peças fundamentais do Estado de Direito, nos termos dos princípios do Direito e das normas gerais.

Fases do Estado de Direito em paralelo aos direitos fundamentais

A definição de Estado de Direito passa por diversas fases teóricas dos adeptos do **juspositivismo** e dos adeptos ao **jusnaturalismo**. Os juspositivistas adotam um conceito formal de Estado de Direito, com a autolimitação do Estado, que confere liberdade aos indivíduos. Já os defensores do jusnaturalismo e moralismo adotam um conceito substancial de Estado de Direito com o entendimento de uma leitura moral do Direito.

> **Saiba mais**
>
> Para saber mais sobre o tema, veja o livro *Aulas de introdução ao Direito* (COELHO, 2004).

No Estado de Direito, a defesa da liberdade e os direitos individuais, civis e políticos foram catalogados como direito de primeira geração. O professor Karel Vasak, em 1979, ficou conhecido por defender, na sua tese, uma classificação dos direitos fundamentais em três gerações. Anos mais tarde, Bobbio, Paulo Bonavides e outros teóricos somaram à teoria desenvolvida por Vasak os direitos de quarta geração. Já a continuação o doutrinador Paulo Bonavides defendeu a existência do direito de quinta geração como ampliação do direito de terceira geração desenvolvida por Vasak (apud LINHARES; SEGUNDO, 2016).

Convém ressaltar que a expressão "gerações" até hoje é criticada pela doutrina, que entende como ideal a terminologia "dimensões".

> **Saiba mais**
>
> Para saber mais sobre a adoção da terminologia "dimensões", veja a obra *A eficácia dos direitos fundamentais* (SARLET, 2015), cujo autor é precursor na adoção da expressão dimensões.

Para facilitar o seu entendimento, veja o que cada geração ou dimensão dos direitos fundamentais previu:

Primeira geração — em atenção às concepções liberais, consagrou os direitos da liberdade, direitos civis e políticos com titularidade ao indivíduo, assim como direito de resistir ou opor-se ao Estado (*status negativus*).

Segunda geração — diferentemente da primeira, esta surgiu no Estado social, período marcado pela teoria marxista e socialista, nos movimentos sociais trabalhistas, em consequência, conferiu titularidade à coletividade e aos grupos sociais, consagrando os direitos sociais, culturais e econômicos e as prestações positivas (*status positivus*).

Terceira geração — consagrou a tutela dos interesses difusos e transindividuais, sem especificação de titularidade.

De acordo com a concepção defendida por Bonavides (2007), o direito da quarta geração seria responsável por consagrar o direito à democracia, o direito à informação e o direito ao pluralismo. Contudo, no decorrer da globalização e da percepção jurídico-social, o professor Bonavides (2007) defendeu a existência de um direito de quinta geração que trataria da paz. Segundo Alisson José Maia Melo (apud LINHARES; SEGUNDO, 2016, p. 203), "A teoria das gerações dos direitos fundamentais de Paulo Bonavides possui decididamente um viés histórico-evolutivo, buscando uma teoria que dê conta de, num primeiro momento, explicar os fatos ocorridos na histórica constitucional ocidental".

Saiba mais

Para saber mais sobre tema, consulte o livro *Democracia e direitos fundamentais: uma homenagem aos 90 anos do professor Paulo Bonavides* (LINHARES; SEGUNDO, 2016).

Estado de Direito e democracia

A Constituição Federal brasileira de 1988 expressa, no art. 1º, que a República Federativa do Brasil constitui um Estado Democrático de Direito. A definição adotada pela Constituição brasileira engloba a visão de democracia e de Estado de Direito como única. Contudo, ambos são distintos, ou seja, Estado de Direito não se confunde com Estado Democrático. Para diferenciar ambos os termos, veremos as ponderações de consagrados doutrinadores.

Para Sartori, na atualidade, **democracia** significa "liberal-democracia, sendo um princípio de legitimidade, um sistema político destinado a solucionar problemas do exercício do poder, e é um ideal" (SARTOI, 2007, p. 45). Segundo S. Holmes, para Paine e Jefferson, a democracia seria um sistema orientado à mudança e à inovação, o qual requer minuciosa estruturação das condições avaliativas e analíticas da reforma política.

Segundo Kelsen (1993, p. 174):

> Se o antagonismo entre democracia e autocracia pode ser reduzido a uma diferença no *habitus* interior dos homens, o antagonismo entre a atitude científica voltada para o valor do conhecimento e uma atitude política voltada para outro valor, o social, também pode ser associado ao antagonismo entre relativismo político e absolutismo político. Ficará, então, mais fácil de compreender o motivo pelo qual uma genuína ciência política pode prosperar mais em uma democracia, onde sua liberdade, sua independência do governo estão asseguradas, do que em uma autocracia, onde suas ideologias políticas podem desenvolver-se e também por qual razão aquele que prefere a democracia à autocracia inclina-se mais fortemente a um conhecimento científico da sociedade em geral, e do Estado e do Direito em particular, do aquele cuja natureza o empurra para autocracia e, desse modo para uma atitude ideológica.

Kelsen faz um paralelo do absolutismo com a democracia e a liberdade no Estado de Direito. Considerando o Estado atual, a democracia representaria a liberdade do indivíduo em expor as suas ideias políticas, mas paralelamente se reavivam concepções absolutistas na forma de governantes.

Já na concepção de Bobbio (2000, p. 20-21), defensor da proteção dos direitos subjetivos como condição do regime democrático:

> O Estado liberal é o pressuposto não só histórico mais jurídico do Estado democrático. Estado liberal e estado democrático são independentes em dois modos: na direção que vai do liberalismo a democracia, no sentido de que são necessárias certas liberdades para o exercício correto do poder democrático e na direção oposta que vai da democracia ao liberalismo, no sentido de que é necessário o poder democrático para garantir a existência e a persistência das liberdades fundamentais. Em outras palavras: é pouco provável que um estado não liberal possa assegurar o correto funcionamento da democracia, e de outra parte é pouco provável que o estado não democrático seja capaz de garantir as liberdades fundamentais. A prova histórica dessa interdependência está no fato de que o estado liberal e estado democrático, quando caem, caem juntos.

A visão de Bobbio (2000) poderia ser considerada antagônica às ideias clássicas do Estado de Direito.

Analisando a realidade mundial atual, em paralelo aos direitos de primeira geração firmados no Estado de Direito e à democracia na liberdade do cidadão de escolher os seus governantes, constituem o processo eleitoral o nascimento e a conservação das democracias representativas. Assim, ainda que atualmente o processo eleitoral seja rejeitado por grande parte da população mundial, desacreditada das falas demagógicas de políticos, o processo é importante para a democracia, pois a ruptura do sistema eleitoral e da política representaria a morte da democracia representativa.

Desse modo, o Estado de Direito necessita ser reconstruído para reordenar as relações entre o Estado, a sociedade e o direito como um todo e, ao final, sejam, de fato, garantidos e instalados novos mecanismos sociais e de estruturas políticas.

Referências

BOBBIO, N. *Teoria geral da política:* a filosofia política e as lições dos clássicos. Rio de Janeiro: Campos, 2000.

BONAVIDES, P. *Ciência política*. São Paulo: Malheiros, 2007.

BRASIL. Constituição (1988*). Constituição da República Federativa do Brasil*. Brasília, DF: Senado Federal, 1988. Disponível em: < http://www.planalto.gov.br/ccivil_03/constituicao/constituicaocompilado.htm>. Acesso em: 31 ago. 2017.

CHEVALLIER, J. *O Estado de Direito*. Belo Horizonte: Fórum, 2015.

DECLARAÇÃO de direitos do homem e do cidadão. 2017. Disponível em: <https://br.ambafrance.org/A-Declaracao-dos-Direitos-do-Homem-e-do-Cidadao>. Acesso em: 31 ago. 2017.

HOLMES, S. *El precompromiso y la paradoja de la democracia*. In: ELSTER, J.; SLAGSTAD R. *Constitucionalimso y democracia*. Ciudad de Mexico: Fondo Cultura Economica, 1999.

KELSEN, H. *A democracia*. São Paulo: Martins Fontes,1993.

LINHARES, E. A.; SEGUNDO, H. de B. M. (Org.). *Democracia e direitos fundamentais:* uma homenagem aos 90 anos do professor Paulo Bonavides. São Paulo: Atlas, 2016.

SARTOI, G. *¿Que es la democracia?* Barcelona: TAURUS, 2007.

Leituras recomendadas

BASTOS, C. R. *Curso de teoria do Estado e ciência política*. 6. ed. São Paulo: Saraiva, 2004.

COELHO, L. F. *Aulas de introdução ao Direito*. Barueri: Manole, 2004.

DALLARI, D. de A. *Elementos de teoria geral do Estado*. São Paulo: Saraiva, 2010.

GALVÃO, J. O. L. *O neoconstitucionalismo e o fim do Estado de Direito*. São Paulo: Saraiva, 2014.

RAMOS, F. C.; MELO, R.; FRATESCHI, Y. *Manual de filosofia política:* para os cursos de teoria do estado e ciência política, filosofia e ciências sociais. 2. ed. São Paulo: Saraiva, 2015.

SARLET, I. W. *A eficácia dos direitos fundamentais*. 12. ed. Porto Alegre: Livraria do Advogado, 2015.

A relação entre Estado e economia

Objetivos de aprendizagem

Ao final deste texto, você deve apresentar os seguintes aprendizados:

- Explicar a relação do capitalismo com o Estado moderno.
- Diferenciar Estado social e Estado socialista.
- Demonstrar a intervenção do Estado na economia e vice-versa.

Introdução

Neste capítulo, você verificará a relação entre Estado e economia. Também analisará a evolução do capitalismo, a sua interferência no surgimento do Estado social e das ideias socialistas e a sua intervenção no domínio econômico, além de diferenciar Estado social e socialismo.

Do capitalismo ao Estado moderno

O consumismo, o exagero, a ostentação de poder e a ganância se tornaram, com o tempo, os principais dogmas da sociedade atual, que, cada vez mais impregnada de tecnologia, luta por reconhecimento social e ascensão econômica. A realidade é, em si, um reflexo exacerbado do capitalismo moderno e da crise do Estado Social Democrático de Direito. Odiado ou amado por doutrinadores, o capitalismo foi e é responsável pela inter-relação econômica mundial dos Estados.

Mas, para que seja possível compreender o surgimento do capitalismo e a sua relação com o Estado moderno, é imperioso voltarmos no tempo; em específico, na crise do sistema feudal.

No decorrer do século XVI, o feudalismo já não possuía a força dominante de outrora, em consequência da soma de fatores que contribuíram para o seu enfraquecimento, como as cidades, o surgimento e a valorização da burguesia, a falta de mão de obra para produção de produtos artesanais em decorrência de pestes que assolavam a época, bem como o fortalecimento da monarquia.

Com a decadência do feudalismo e o surgimento do primeiro Estado moderno, ou seja, do absolutismo, a sociedade medieval passou a conhecer novos recursos de mão de obra de grande importância para a produção e comercialização dos produtos da época, além da expansão marítima comercial na relação de troca de produtos e da acumulação de riquezas-metais essenciais para o Estado (mercantilismo). Esses fatos deram origem ao **capitalismo comercial** e, com ele, à escravidão e ao desenvolvimento da fisiocracia, que se opunha ao mercantilismo, na defesa da acumulação de riqueza de recursos naturais próprios.

O capitalismo tinha como premissas o lucro e o acúmulo de capital, exigindo, assim, predomínio sobre a propriedade privada, defesa da liberdade econômica e livre concorrência. Contudo, o capitalismo promoveu uma nítida divisão de classes sociais: de um lado, os nobres; de outro, os burgueses; e, no extremo oposto, os trabalhadores assalariados.

Já no transcurso do século XVIII, com a derrocada do Estado absolutista e o surgimento do Estado liberal, na sequência do Estado de Direito, o capitalismo seguiu o seu ciclo evolutivo: do comercial mercantilista para o capitalismo industrial, fruto da Revolução Industrial.

Nesse período, Adam Smith (apud MATIAS-PEREIRA, 2015, p. 14) defendeu o livre mercado, entendendo que a função "precípua do Estado não seria a de promover o progresso econômico, mas de garantir as regras necessárias para o bom funcionamento do sistema econômico de mercado". Pode-se entender que, para Smith, não caberia ao Estado intervir na economia, entendimento que logo seria superado pelos neoliberalistas.

Foi no século XIX que se consolidou o capitalismo financeiro e, com ele, a intervenção do Estado na economia (keynesianismo), o qual posteriormente daria lugar à nova fase do capitalismo: o **capitalismo informacional**, fase que marcou o desenvolvimento dos Estados modernos.

Dessa forma, fica claro que a evolução dos Estados modernos está intrinsecamente relacionada ao progresso do capitalismo, sobretudo em consequência das características do capitalismo. Nesse sentido, convém pontuar a análise realizada pelo professor Gilberto Bercovici, na sua tese doutoral sobre o Estado total e o Estado social, no que diz respeito à relação entre o Estado moderno e o capitalismo:

> Na visão de Carl Schmitt, a evolução do Estado moderno passa necessariamente pelas etapas de Estado Absoluto, Estado Neutro e Estado Total, que

significam, respectivamente, a unificação religiosa, a unificação nacional e a coesão econômica. O Estado Total vai substituir o Estado Neutro do século XIX, trazendo uma série de novos desafios com a transformação de todos os problemas econômicos e sociais em questões potencialmente políticas. Para Schmitt, o Estado Total promove a politização (*Politisierung*) de tudo o que fosse econômico, social, cultural e religioso (BERCOVICI, 2003, p. 77).

Estado social e socialismo

Para entender o surgimento do Estado social, ou Estado do bem-estar social ou *Welfare State*, é necessário recorrer à história da crise do liberalismo.

Durante a efervescência das ideias filosóficas do século XIX, a crise do Estado liberal em solucionar questões públicas da época fomentou a inquietação popular por garantia de direitos sociais e a criação de partidos políticos e de sindicatos, elementos essenciais para o surgimento do Estado social, pois, a partir do novo modelo de Estado moderno, caberia ao Estado garantir um bem-estar mínimo ao indivíduo. Ou seja, o Estado não somente teria a premissa de assegurar a liberdade democrática, mas seria responsável por constitucionalizar os direitos de segunda dimensão ou direitos sociais, vinculados à esfera social do bem-estar da pessoa. Segundo Villar Borda (2007, p. 11, tradução nossa):

> A revolução industrial deu surgimento às classes trabalhadoras, aos sindicatos e partidos políticos e em consequência deles a necessidade de constitucionalizarem-se os direitos sociais superando a ideia de liberdade que fundamentava o Estado de Direito. O desenvolvimento do capitalismo fruto da industrialização, revolução científica e técnica, as ideias de ilustração e antes delas o impulso da reforma protestante foram os cenários para começo do esboço da ideia.

As palavras de Villar Borda (2007) sintetizam a construção do Estado social, cujo objetivo primordial era garantir aos indivíduos os direitos sociais, visto que, após a Segunda Guerra Mundial, ainda era latente a desigualdade econômica social e de pessoas, como o direito ao sufrágio.

Contudo, a Constituição mexicana de 1917 e a Constituição alemã de Weimar de 1919 são considerados os principais documentos históricos que visam assegurar os direitos sociais, cabendo ao Estado a responsabilidade de garantir o equilíbrio social. Nesse sentido, o Quadro 1 apresenta os direitos sociais previstos em tais constituições.

A Constituição mexicana de 1917 e a Constituição alemã de Weimar de 1919 representaram um marco na história do constitucionalismo social, visto que destinaram artigos específicos para os direitos sociais.

Tabela 1. Comparação de direitos sociais entre as constituições mexicana e alemã.

CONSTITUIÇÃO MEXICANA DE 1917 Assegurou direitos sociais referentes a:	CONSTITUIÇÃO ALEMÃ DE WEIMAR DE 1919 Assegurou direitos sociais referentes a:
Meio ambiente adequado para o desenvolvimento e bem-estar	Igualdade jurídica entre homens e mulheres
Família	Casamento
Moradia	Moradia
Crianças e jovens	Crianças e jovens
Bases para a reforma agrária	Acesso à justiça
Acesso à justiça	Vida econômica
Proteção aos povos indígenas	Constituição de corporações e associações
Educação	Educação
Trabalho	Equiparação entre filhos (legítimos e ilegítimos)
Saúde	Saúde
	Liberdade de sufrágio
	Trabalho

Fique atento

Convém destacar que a Organização Internacional do Trabalho (OIT) foi criada em 1919, dando voz aos clamores de trabalhadores, que buscavam o resguardo de direitos sociais como a saúde.

A Constituição Federal brasileira de 1934, conhecida como getuliana, foi a primeira Constituição brasileira a destinar artigo para os direitos sociais, mas foi somente na Constituição Federal de 1988 que os direitos sociais foram incluídos como direitos individuais — direito e garantias fundamentais.

Mas será que Estado social e socialismo possuem o mesmo significado?

O socialismo não se confunde com Estado social, mas as ideias socialistas de pensadores como Hegel e Karl Marx contribuíram para a reivindicação dos direitos sociais dos trabalhadores do Estado social.

Na Europa pós-Revolução Industrial, o filósofo Hegel defendeu a necessidade de um Estado republicano e democrático como ideal de liberdade e solução política, ideia esta que seria contraposta por Marx, defensor de uma revolução social operária como mecanismo de reformulação social e liberdade das classes. Do outro lado, Robert Owen (1771–1858) defendeu a regulação do mercado de trabalho e a realização dos direitos sociais e trabalhistas (apud RAMOS; MELO; FRATESCHI, 2015).

Para Hermann Heller (apud BERCOVICI, 2003), o socialismo não é superação, mas refinamento do Estado: tão mais próximo estará o trabalhador do socialismo quanto mais positivamente considerar o fenômeno do Estado.

Segundo Émile Durkheim (2016, p. 11), o socialismo estaria orientado para o futuro.

> É, antes de tudo, um planejamento de reconstrução das sociedades atuais, um programa de vida coletiva que não existe ainda, ou que não existe tal como foi sonhada, e que é proposta ao homem como digna de suas preferências.

O socialismo diferencia-se, assim, do Estado social, pois, para Reinaldo Dias (2013, p. 241), o Estado social:

> Representa uma tentação de adaptar o estado liberal às novas condições sociais criadas pela expansão industrial, especialmente o aumento de uma massa de trabalhadores explorados que, para manter sua produtividade, precisavam de apoio estatal em vários aspectos de suas vidas (habitação, saúde, educação, etc.). O estado social também pode ser considerado uma resposta do capitalismo ao avanço do comunismo na primeira metade do século XX, pois, para atender às demandas dos trabalhadores, muitos partidos socialistas foram retirados dos partidos socialistas que poderiam ajudar a aumentar suas fileiras.

Dessa forma, fica claro que o socialismo era uma ideologia organizacional que se contrapunha às ideias capitalistas de lucro, mas, na idealização de igualdade social, de certo modo, difere do marxismo (Karl Marx).

> **Saiba mais**
>
> Para saber mais, consulte o livro *Manual de filosofia política:* para os cursos de teoria do estado e ciência política, filosofia e ciências sociais (RAMOS; MELO; FRATESCHI, 2015).

Intervenção do Estado na economia

Com a crise do modelo liberal, somada à depressão econômica inglesa e à quebra da Bolsa de Valores de Nova York, em 1929, o economista John Maynard Keynes defendeu a intervenção do Estado na economia como mecanismo estratégico para socorrer a economia capitalista.

Convém destacar que as teorias neoclássicas (desenvolvidas no século XIX por teóricos como Alfred Marshall, Carl Menguer e Leon Hairas) contribuíram para que, na década de 1930, o Estado assumisse o domínio econômico na implementação e no financiamento de programas destinados a elevar o desenvolvimento do bem-estar social e das sociedades empresariais, ou seja, função de controlador e regulador da economia.

John Maynard Keynes, responsável pela análise da Grande Depressão americana de 1929 e fiel defensor da intervenção estatal na econômica, deu origem à teoria que recebeu o seu nome: a teoria keynesiana, segundo a qual se justifica a intervenção do Estado na economia por meio de políticas públicas, visto a falta de forças de autoajustamento da economia e o desemprego (MATIAS-PEREIRA, 2015).

Segundo José Matias (2015, p. 34), para o keynesianismo, justificava-se a intervenção do Estado na economia para:

> [...] atenuar as flutuações econômicas e as situações de insuficiência de demanda efetiva. Caberia ao Estado tomar certas decisões de controle da moeda, e do crédito e do nível de investimentos, com o objetivo de superar os mates intrínsecos do capitalismo e que são agravados nos momentos de depressão econômica — desigualdade de riqueza, desemprego [...]. Para Keynes isso se transformaria em aperfeiçoamento do capitalismo moderno e estes não seriam incompatíveis com a essência do capitalismo.

O keynesianismo logo sofreria críticas, como do economista Friedrich Von Hayek, defensor do retorno de ideias liberais que deram surgimento ao neoliberalismo, que logo seria criticado por Friedman, e à teoria do neoliberalismo.

Assim como a intervenção do Estado na economia gera efeitos positivos ou negativos, a ocorrência de fatores externos como, por exemplo, corrupção de empresas que tenham vinculação com o Estado, impactam significativamente na economia do país, inclusive afetando as suas relações exteriores. As ações de grupos terroristas, o aumento no fluxo de refugiados e o decréscimo na compra e venda de produtos são outros fatores que contribuem para a reorganização econômica mundial.

Exemplo

Um exemplo do efeito da economia no Estado foi o Brasil, no ano de 2016, ter caído sete posições no *ranking* sobre a percepção da corrupção, fato resultante da corrupção averiguada pela Operação Lava-Jato.

E assim segue a humanidade, acompanhando a evolução econômica e o vice-versa econômico.

Referências

BERCOVICI, G. *Entre o Estado total e o Estado social*: atualidade do debate sobre Direito, estado e economia na República de Weimar. 172 f. 2003. Tese de livre-docência. Universidade de São Paulo. Faculdade de Direito. 2003. Disponível em: <http://www.teses.usp.br/teses/disponiveis/livredocencia/2/tde-22092009-150501/pt-br.php>. Acesso em: 4 set. 2017.

DIAS, R. *Ciência política*. 2. ed. São Paulo: Atlas, 2013.

DURKHEIM, E. *O Socialismo*. São Paulo: Edipro, 2016.

MATIAS-PEREIRA, J. *Curso de economia política:* foco na política macroeconômica e nas estruturas de governança. São Paulo: Atlas, 2015.

RAMOS, F. C.; MELO, R.; FRATESCHI, Y. *Manual de filosofia política:* para os cursos de teoria do Estado e ciência política, filosofia e ciências sociais. 2. ed. São Paulo: Saraiva, 2015.

VILLAR BORDA, L. Estado de Derecho y Estado social de Derecho. *Revista Estado de Derecho*, n. 20, 2007.

Leituras recomendadas

DALLARI, D. de A. *Elementos de teoria geral do Estado*. São Paulo: Saraiva, 2010.

Estados e grupos sociais

Objetivos de aprendizagem

Ao final deste texto, você deve apresentar os seguintes aprendizados:

- Destacar a importância da opinião pública na democracia e no Estado.
- Relacionar a opinião pública com a sociedade de massa.
- Analisar a influência da mídia na opinião pública.

Introdução

Neste capítulo, você vai ler a respeito da formação e das implicações da opinião pública. Para isso, primeiramente analisaremos as definições de Estado e democracia, pois, a partir desses conceitos, discutiremos opinião pública e a sua importância para o exercício da democracia e o Estado. Além disso, veremos a definição de sociedade de massa e a influência da mídia na opinião pública atual. O estudo de tais elementos é imprescindível para o desenvolvimento acadêmico e a formação de opinião sobre a relação do Estado e dos grupos sociais.

Da importância da opinião pública para o Estado democrático de Direito atual

A opinião pública interfere significativamente na construção de uma sociedade democrática de Direito, visto que é considerada elemento constitutivo de democracia. Ao longo dos anos, a opinião pública serviu de sustento para a estruturação social e democrática do Estado, o qual, inserido no meio de diversas concepções filosóficas, buscou remodelar-se, mas, em face do cenário atual, atravessa uma realidade dramática de poder e crise soberana.

Por consequência da sua ambiguidade diversa, teóricos desenvolveram definições próprias para descrever a opinião pública, atravessando, assim, o questionamento dos elementos que a compunham, como a história filosófica e sociológica mundial. Contudo, por se tratar de um fenômeno dependente de um contexto histórico e sociocultural de modo sintético, a **opinião pública** pode ser definida como a maneira de opinar do povo sobre algo que afete o público em geral.

Segundo o professor espanhol José María Rubio Ferreres (2009, p. 12, tradução nossa):

> [...] a definição da opinião pública depende do tipo de sociedade e dos interesses políticos do momento, ao mesmo tempo em que é produto de vários fatores como a personalidade dos indivíduos, dos estratos sociais, da forma de governo, do sistema educacional dominante, da ação dos meios de comunicação e etc.

Para o professor também espanhol Juan José Solozabal Echavarria (1996, p. 400, tradução nossa):

> [...] a opinião pública pode ser entendida como atitude generalizada na coletividade sobre a conveniência de certa política ou ação de governo. De modo que a opinião pública seria determinada pelo acesso geral ou indiscriminado à sua formação e pelo objeto particular ou privado qual faz referência.

Em atenção às definições dos doutrinadores espanhóis, justifica-se a importância do estudo da opinião pública para um Estado democrático de Direito, visto que, de maneira geral, a sociedade busca que o governo por ela elegido seja um governo democrático e cumpra as suas obrigações devidas e as constitucionais.

Segundo Sartori (1997, p. X, tradução nossa):

> [...] opinião pública e democracia caminham juntas, pois a liberdade de opinião é um valor irrenunciável das sociedades democráticas, uma herança do pensamento do século XVII (princípio da liberdade de pensamento, princípio da liberdade de expressão e princípio de liberdade de organização e associação). Uma opinião pública que pode ser dita como autônoma em quanto seja suficiente para fundamentar a democracia como um governo de opinião.

Partindo da ponderação de Sartori (1997, p. 64), a opinião pública é a resposta de um conjunto que, trazendo à realidade atual, "é formado, ou melhor, dito modificado e manipulado pelos meios de comunicação, declarações públicas de governantes ou outras pessoas de grande influência/impacto público, assim como campanhas de *marketing*".

> **Fique atento**
>
> Dessa forma, fica claro que a opinião pública não se reduz à opinião política sobre o Estado, sendo ela divisível.

Em um Estado democrático, a opinião pública se constitui como resultado de um processo de discussão livre, aberto de modo igualitário a todos, na expectativa de uma proposta razoável que satisfaça as necessidades do coletivo. O sufrágio, por exemplo, configura-se uma forma direta de opinião pública.

A censura, ainda que mascarada, mostra resquícios de um Estado autoritário e não liberal, e tem sido continuamente utilizada por países, em teoria democráticos, para bloquear e limitar a opinião pública, fato que se contrapõe à ideia de que a opinião pública é considerada elemento constitutivo de democracia.

Para o professor mexicano Manuel Fraga, que no seu livro cita o professor francês Sauvy:

> [...] não há dúvidas de que a opinião pública é um árbitro, uma consciência, um tribunal temível, ainda que desprovido de um poder jurídico total. A opinião pública é o tribunal interno de uma nação, e uma força anônima, de vez em quando uma força política não prevista em nenhuma constituição (SAUVY apud FRAGA IRIBARNE, 1972, p. 263).

Dessa forma, fica evidente a vinculação da opinião pública com a democracia e o Estado, pois não há que se falar em Estado Democrático sem a liberdade de opinião, visto que, havendo uma sociedade silenciada, deixa de existir a democracia e passa a existir um Estado autoritário.

Vinculação da sociedade de massa e a opinião pública

Para entender a vinculação de sociedade de massas e opinião pública, cabe recordar que, após o findar da Primeira Guerra, diversas famílias migraram para as cidades na expectativa de melhorar a qualidade de vida e saírem da zona de pobreza na qual viviam. Contudo, com o aumento populacional das cidades, a falta de emprego contribuiu para o crescimento da violência e prostituição.

Nesse ínterim, houve um aceleramento na produção industrial, que desencadeou a modernização e a urbanização global, fatos que contribuíram para afastar o indivíduo da realidade fática da vida. O homem, somado ao meio, passava a ser inserido em uma vida de consumo e de opiniões repetidas e manipuladas.

A industrialização e os novos mecanismos estratégicos de comunicação deram surgimento à criação de uma **sociedade de massa** difundida por diversas teorias jurisfilosóficas que entendiam ser a massa um conjunto de indivíduos isolados do contexto social, tendo como única referência as mensagens dos meios de comunicação. Para Wright Mill (apud FRANÇA; SIMÕES, 2015), a **massa** seria um pequeno número de pessoas que expressa opinião — estímulo e resposta.

Para os positivistas defensores do marxismo e da Escola de Frankfurt (Horkheimer, Adorno, Benjamin, Marcuse, Fromm, Habermas, Neumann, Kirchheimer, entre outros), a massa era vista como uma forma social, de luta e ideal.

Para os positivistas, a massa social era composta por indivíduos antielitistas, instintivos, imprevisíveis, associados à cultura popular, criativos, entre outras características.

Saiba mais

Para saber mais sobre a Escola de Frankfurt, leia o livro de Rolf Wiggershaus (WIGGERSHAUS, 2012).

Já para os negativistas, a massa social era composta por indivíduos alienados, manipuláveis, desprovidos de consciência histórica, infantis, irresponsáveis, entre outras características.

Ortega y Gasset, por exemplo, defensor da corrente negativista da sociedade de massas, definiu, em *A rebelião das massas,* que o homem-massa seria aquele:

> [...] homem previamente vazio de sua própria história, desprovido das lembranças do seu passado e que por isso é facilmente submetido às disciplinas chamadas de internacionais. Mas do que um homem é uma casca de homem constituído de ideias comuns (*meres idola fori*) (ORTEGA Y GASSET, 1999, p. 9, tradução nossa).

A definição de homem-massa elaborada por Ortega y Gasset (1999) expressa como o homem atual está, cada vez mais, tornando-se homem-massa, ou melhor, a sociedade em geral está se tornando uma sociedade de massa, levada a expressar opiniões de terceiros sem que dedique tempo para pensar ou manifestar opiniões próprias capazes de alterar a realidade social. Segundo George Orwell (FRASES..., 2017) "a massa mantém a marca, a marca mantém a mídia e a mídia controla a massa, logo a opinião pública torna-se objeto de manipulação midiática".

> **Fique atento**
>
> Importante destacar que massa não se confunde com multidão, visto que a última é quantitativa, visual e composta por indivíduos que compartilham coisas em comum, como, por exemplo, multidão de pessoas que comparecem ao estádio de futebol para assistir ao jogo de sua equipe favorita.

Na visão dos negativistas, a massa é qualitativa e mental, ou seja, está ligada por um estado mental, localizada em qualquer classe social, como, por exemplo, fotos tiradas por pessoas sem vínculos entre si, publicadas em redes sociais com o símbolo de V, sem que saibam, em realidade, a origem e o significado do símbolo, mas, dada a profusão midiática passada, a sociedade de massa absorveu como símbolo de paz ou alegria.

Influência midiática na opinião pública

Considerando a evolução mundial, a mídia representa significativo impacto na construção do pensamento social. Assim como tem contribuído para o progresso da humanidade, a tecnologia tem, ao mesmo tempo, criado uma massa cada vez mais dependente de recursos tecnológicos.

O rádio e a televisão, por longas décadas, foram considerados os principais mecanismos de difusão de informações e, por meio desses recursos midiáticos, sociedades foram influenciadas a seguir tendências políticas, moda, esportes e consumo em geral. Mas, com a criação das redes sociais e a evolução da internet, ainda que o rádio e a televisão tenham perdido espaço popular, continuam a influenciar a opinião pública, principalmente sobre temas polêmicos.

Segundo o professor Denis Mcquail, a mídia, ou melhor, a **comunicação de massa**, é teorizada por distintas vertentes, entre as quais se destacam a teoria funcionalista e a teoria crítica da comunicação de massa, que se diferenciariam principalmente na interpretação do processo fundamental. Assim, para Denis Mcquail (2012, p. 245):

> As teorias funcionalistas e críticas sobre a comunicação de massa têm associado o trabalho da mídia de massa à ordem social. O primeiro item atribui à mídia de massa a "função" (ou finalidade implícita) de assegurar a continuidade de uma determinada ordem social, preservando o controle, consolidando um amplo consenso de valores, integrando atividades e estabelecendo pessoas e grupos na sociedade (Wright, 1960). A teoria crítica geralmente envolve uma visão da mídia de massa como entidade controlada por elites poderosas que impõem seus significados dominantes e usam a mídia para marginalizar e contestar a oposição (Hall, 1977).

O sociólogo francês Pierre Bourdieu, autor da obra *Sobre a televisão*, realizou uma abordagem profunda e crítica do impacto da televisão na opinião pública e no indivíduo. Na sua obra, Bourdieu observou que as pessoas se tornaram devotas da televisão em desprezo à leitura de jornais; dessa forma, cada indivíduo se deixava influenciar pelo que ouvia nos canais televisivos, especialmente pensados para o seu público (BOURDIEU, 2001).

Cada pessoa, sem perceber, era imersa em uma censura invisível, violenta e jornalística destinada, em grande parte, a alcançar a audiência, adotando, assim, posturas sensacionalistas na difusão de matérias.

Nesse sentido, convém destacar que uma teoria desenvolvida pelos americanos McCombs e Shaw, que, atentos ao impacto da mídia na formação da opinião pública, durante a campanha presidencial americana de 1968, realizaram um comparativo dos pontos ditados pelas campanhas eleitorais mais absorvidas pela população e comprovaram que eram aqueles enfatizados pelos meios de comunicação. Nascia, assim, a **teoria do agendamento**, mais conhecida agenda *setting* responsável por estudar o poder midiático sobre determinados assuntos, censura e imparcialidade sobre outros.

> **Fique atento**
>
> De acordo com a teoria do agendamento, a imprensa seleciona os fatos, os recorta e os vende conforme os preceitos ditados pela empresa, e até mesmo por governantes políticos, afetando, assim, significativamente a opinião pública.

A indústria midiática, nos últimos anos, tem investido, de maneira agressiva, em campanhas investigativas e de *marketing*, a fim de comercializar e incentivar o consumo dos seus produtos. Da mesma forma, os partidos políticos que, independentemente de pesquisas populares, realizam pesquisas partidárias a fim de projetar os seus governantes ou potenciais governantes, bem como criar uma consciência política social. A abundância de partidos políticos existentes no Brasil, por exemplo, o desequilíbrio das classes econômicas sociais, a educação e outros fatores somados à influência midiática contribuem ainda mais para a partidarização popular de partidos.

O Facebook, o Twitter e o YouTube, responsáveis por movimentar milhões de dólares, também são considerados, na atualidade, grandes catalisadores e influenciadores de massas. Massas que, cada vez mais, deixam de viver a realidade para viver o virtual.

Referências

BOURDIEU, P. *Sobre a televisão*. Rio de Janeiro: Zahar, 2001.

FRAGA IRIBARNE, M. *El desarrollo político*. 2. ed. Barcelona: Grijalbo, 1972.

FRANÇA, V. V.; SIMÕES, P. G. *Curso básico de teorias da comunicação*. São Paulo: Autêntica, 2015.

FRASES de George Orwell. 2017. Disponível em: <https://www.pensador.com/frases_de_george_orwell/>. Acesso em: 28 set. 2017.

MCQUAIL, D. *Atuação da mídia comunicação de massa e interesse público*. Porto Alegre: Penso, 2012.

ORTEGA Y GASSET, J. *La rebelión de las masas*. Barcelona: Espasa Lobros, 1999.

RUBIO FERRERES, J. M. *Opinión pública y medios de comunicación:* teoría de la agenda setting. Gazeta de Antropología, v. 5, n. 1, 2009. Disponível em: <http://digibug.ugr.es/html/10481/6843/G25_01JoseMaria_Rubio_Ferreres.html>. Acesso em: 18 set. 2017.

SARTORI, G. *¿Que es la democracia?* [s.l.]: Taurus, 1997.

SOLOZÁBAL ECHAVARRÍA, J. J. *Opinión publica y Estado constitucional*. Revista Derecho Privado y Constitución, v. 10, sept./dic. 1996. Disponível em: <http://www.cepc.gob.es/eu/argitalpenak/aldizkariak/aldizkarielektronikoak?IDR=7&IDN=384&IDA=10036>. Acesso em: 18 set. 2017.

Leituras recomendadas

BASTOS, C. R. *Curso de teoria do Estado e ciência política*. 6. ed. São Paulo, 2004.

BONAVIDES, P. *Ciência política*. São Paulo: Malheiros, 2007.

PINTO, K. C. *Curso de teoria geral do Estado, fundamento do Direito constitucional positivo*. Porto Alegre: Atlas, 2013.

WIGGERSHAUS, R. *A Escola de Frankfurt:* história, desenvolvimento teórico, significação política. Rio de Janeiro: DIFEL, 2002.

O futuro do Estado

Objetivos de aprendizagem

Ao final deste texto, você deve apresentar os seguintes aprendizados:

- Reconhecer as crises enfrentadas pelos Estados.
- Apontar as formas de superação das crises estatais.
- Apresentar uma nova conformação estatal.

Introdução

Com o surgimento e a evolução dos Estados modernos, surgiram as crises, que, de distintas ordens, movimentam o sistema global, seja no intuito de superá-las ou de recriar-se como Estado, provocando questionamentos sobre o futuro do Estado e, consequentemente, da humanidade. Neste capítulo, você vai ler a respeito do futuro do Estado.

Crise: o mundo em colapso

Crise é uma das expressões mais utilizadas cotidianamente para descrever a realidade na qual se encontra a sociedade atual. Em meio à crise, reavivam-se correntes filosóficas que defendem o fim do Estado, mas é certo que um povo sem um Estado, sem uma administração pública centralizada, desencadearia uma desordem pública, visto que cada indivíduo buscaria ser o seu próprio gestor.

Considerando as crises estatais nas palavras de Zygmunt Bauman e Carlo Bordoni (2016, p. 11,15):

> [...] a crise é o fator que predispõe à mudança, que prepara para futuros ajustes sobre novas bases. As crises — tão vagas e generalizadas por envolverem uma parte tão grande do planeta — levam para reverter a direção. Elas progridem muito lentamente, em contraste com a velocidade na qual todas as demais atividades humanas na realidade contemporânea de fato se movem. Todo e qualquer prognóstico de solução é continuamente atualizado e, em seguida, adiado para outra data. Parece que nunca vai acabar.

Analisando as crises estatais, o professor José Luis Bolzan de Morais defende que as crises do Estado são de **tipo**:

Conceitual — aponta questionamentos sofridos pelo Estado no que tange às suas características fundamentais, particularmente a ideia de soberania, e aos direitos humanos. Para Morais, as comunidades supranacionais (como a União Europeia, a Nafta, o Mercosul) impuseram uma nova lógica de relações internacionais, destacando que a União Europeia exemplifica ter atingindo profundamente as pretensões de uma soberania descolada de qualquer limitação ou comprometimento recíproco. Destaca o autor que as organizações não governamentais (ONGs) também são consideradas agentes transformadores do Estado, visto que a ideia conceitual de Estado não mais se adapta à realidade atual, principalmente em consequência das (des)estruturas institucionais (MORAIS, 2011).

Estrutural — ao analisar a evolução do Estado do bem-estar social, Bolzan entendeu que a democratização das relações sociais, além de ter facilitado a regulação das relações de trabalho, seguridade social, saúde e outros, abriu caminho para a burocracia como instrumento para concretização dos serviços (MORAIS, 2011).

Constitucional ou crise institucional — refere-se à fragilização da constituição, que, segundo Bolzan, como documento jurídico político, está submersa em um jogo de intenções e poderes (MORAIS, 2011), ou seja, manipulada para programa de governo no lugar de primazia do conteúdo constitucional para o qual foi elaborada.

Funcional — refere-se à perda de centralidade e exclusividade do Estado, que pode ser sentida pelo Executivo, Legislativo e Judiciário, órgãos pensados como estratégia de desconcentração do poder (MORAIS, 2011), mas que, nos dias atuais, conflitam na massificação de superpoderes.

Política — com o passar dos anos, a democracia representativa, no lugar de ser utilizada com viés de representação povo-Estado, tem sido utilizada com viés de interesses, tornando-se, assim, incapaz de cumprir os ditames da política e da representação política, desencadeando profunda crise política. Para Bolzan, a democracia participativa seria uma espécie de alternativa de rearticulação dos espaços públicos (MORAIS, 2011).

Fiscal/financeira — segundo Bolzan, a crise fiscal financeira do Estado estaria por trás de todas ou de, pelo menos, a maioria das crises (MORAIS, 2011). A percepção do autor ao realizar o estudo do Estado do bem-estar social quanto ao alcance da crise financeira parece lógica, visto que os abalos econômicos interferem significativamente nas distintas esferas do Estado.

Ideológica — surge do questionamento das formas de organização e gestão adotadas pelo Estado de bem-estar social, visto que se confrontaria o sucesso do Estado social com o modelo de gestão que se estrutura, o qual colocaria em contradição a democracia, como forma política, e a burocracia, como arranjo funcional (MORAIS, 2011).

Filosófica — decorre da desagregação da base do Estado de bem-estar social, ou seja, segundo Bolzan, havia uma incapacidade de consolidar o projeto antropológico que compõe o sentido da constituição do Estado social (MORAIS, 2011).

Nesse sentido, independentemente do tipo de crise que sofra o Estado — seja ela de ordem conceitual, estrutural, constitucional, funcional ou política —, é cada vez mais latente o fato de que os Estados caminham para a sua desestruturação quase por completo.

> **Saiba mais**
>
> Para saber mais sobre o tema, consulte Morais (2011).

Estratégias de superação das crises financeiras estatais

Desde a queda do absolutismo e a remodelação estatal, os Estados, em geral, assumiram a posição de credores e devedores internacionais, expondo o governo às oscilações do mercado. Na tentativa de criar um governo sólido no qual seja assegurada a estabilidade governamental, os Estados, com o passar dos anos, adotaram **medidas estratégicas de superação de crise financeira**.

Considerando as crises financeiras enfrentadas ao longo dos anos pelos Estados, veja, a seguir, casos de crise e superação adotada pelos Estados.

Logo na sequência, veja a opinião de um economista com respeito às formas de superação comumente adotadas pelos Estados e os seus efeitos práticos.

Crise e superação mexicana (1994–1995) — por volta de 1994, em consequência de uma taxa de câmbio fixa, a moeda mexicana, o peso, facilitava o investimento comercial, o que atraiu investidores de todo o mundo. Contudo, o governo americano da época, face iminente inflação, resolveu aumentar a taxa de juros dos Estados Unidos (EUA). Por consequência, investidores, inclusive os que investiam no México, sentiram-se atraídos a investir no mercado americano. Devido à falta de investidores, o México entrou em depressão econômica — no intuito de controlar a crise e o desemprego em massa, o governo mexicano optou por desvalorizar a sua moeda (peso). Contudo, para evitar um colapso financeiro que contaminasse outros mercados, o governo dos EUA, o Fundo Monetário Internacional (FMI) e outros organismos internacionais socorreram financeiramente o Estado mexicano, o que possibilitou o refinanciamento das dívidas e a segurança econômica do País. Segundo o economista Mankiw (2015), o governo norte-americano ajudou o governo mexicano a superar a crise pelos seguintes motivos (MANKIW, 2015):

- ajudar o vizinho do Sul;
- evitar a maciça imigração ilegal que poderia se seguir à inadimplência do governo e ao colapso econômico;
- evitar que o pessimismo do investidor em relação ao México se espalhasse para outros países em desenvolvimento.

Crise e superação asiática (1997–1998) — de forma semelhante à crise financeira vivida anos antes pelo governo mexicano, os países asiáticos (principalmente Tailândia, Indonésia e Coreia do Sul, em consequência da alta taxa de juros interna, da falta de confiança para inversão econômica, da queda do produto interno bruto [PIB] e do inadimplemento de empréstimos bancários no País) entraram em crise. A crise dos tigres asiáticos, como ficou conhecida, foi revertida por empréstimos financeiros concedidos pelos EUA e pelo FMI, que, além disso, foram responsáveis pela elaboração de uma série de medidas econômicas que tiveram como objetivo reestruturar a confiança econômica dos países asiáticos em crise, obrigando a contraparte a reformar os seus sistemas bancários. Com o socorro financeiro internacional e a adoção de propostas de reformas, os países em crise reergueram-se economicamente (MANKIW, 2015).

Crise e superação brasileira (1998) — em consequência da instabilidade econômica mundial de 1998, o governo brasileiro, a fim de manter o equilíbrio governamental econômico e político do País, realizou ajustes fiscais, reduziu gastos públicos, aumentou as receitas tributárias e elevou a taxa básica de juros de 29,75% para 49,75%. Contudo, as alternativas emergenciais adotadas pelo País à época não surtiram efeito a curto prazo, mas, no ano seguinte, após o acordo de empréstimo financeiro realizado com o FMI e com a adoção de medidas mais agressivas, o País experimentou uma ligeira superação da crise estatal (MARQUES; FERREIRA, 2010).

Com relação às formas de superação adotadas pelo Estado, o economista Caio Koch-Weser (2010) opina sobre o endividamento dos governos, afirmando que quase todos os economistas concordam com o fato de que o endividamento do governo deve ser medido em termos reais, não em termos nominais. Segundo o autor, o déficit mensurado deve ser igual à variação da dívida real do governo, não à variação da dívida nominal.

E você, o que pensa sobre as medidas adotadas pelos países ora estudados para superar as crises?

Poder paralelo

As disputas por poder, a miséria, a violência e os conflitos religiosos ao longo de décadas contribuíram para dar maior visibilidade a outros fatores que, nos últimos anos, têm resultado na conformação dos Estados, como, por exemplo, o avanço da tecnologia e o crescimento dos grupos terroristas.

Considerados um poder paralelo aos Estados democráticos de Direito, os grupos terroristas (cuja maioria objetiva estabelecer um regime único de poder baseado principalmente em preceitos religiosos) têm remodelado a maneira como os Estados combatem a criminalidade internacional. Por consequência, as normas internacionais e internas passaram a ser constantemente reformuladas no sentido de combater o terrorismo dinamizado por grupos terroristas. O grupo terrorista Estado islâmico, também conhecido mundialmente como ISIS, e o grupo terrorista Boko Haram são conhecidos por fazerem uso de ações bárbaras destinadas a intimidar, liquidar e aterrorizar os seus opositores, considerados pelos grupos em questão como inimigos. Curiosamente ambos os grupos terroristas atuam para instalar à força um Estado paralelo dentro de Estados legítimos e reconhecidos mundialmente (Iraque, Síria e Nigéria) (LOWE, 2011), mediante a criação de um califado, ou seja, de um novo Estado baseado na radicalização da lei islâmica (Sharia).

De fato, por mais que um grupo paralelo ao Estado imponha as suas leis e controle o poder, não será reconhecido internacionalmente como Estado (CALIXTO, 2015). Por consequência, o Reino Unido, por exemplo, passou a nomear o Estado islâmico como *Daesh*, cujo significado é discórdia. A adoção da expressão *Daesh* deve-se ao fato de que seria incorreto nomear um grupo terrorista como Estado.

No extremo oposto ao terrorismo, convém destacar outro fato que também deve ser observado quanto ao surgimento/recriação de novos Estados, visto que atualmente uma expressiva parcela da sociedade vive como se estivesse em dois mundos, um real e outro virtual, convertendo-se, assim, em seres cibernéticos (indivíduo que faz uso constante na internet) que convivem em cibersociedade (sociedade virtual simulada) nos ciberespaços (realidade virtual simulada — Estados paralelo-virtuais).

Segundo o professor Nicolas Cabezudo Rodriguez (2011, p. 72, tradução nossa):

> Seguindo as suposições básicas da democracia, que procura garantir a ideia de liberdade e da vontade coletiva, o ciberespaço apresenta-se como uma importante ferramenta que busca garantir o espaço democrático de liberdade de expressão. Essa conjugação de interesses entre democracia e ciberespaço pode possibilitar o surgimento de novos espaços de autocriação para todas as áreas do conhecimento.

Os governos, atentos ao fato de que o homem moderno é um ser virtual, têm buscado criar redes de acesso democrático virtuais, a fim de que a sociedade possa, assim, interagir com maior rapidez em conjunto com os governantes, dando passo à **democracia virtual**, ciberdemocracia ou *e-democracy*.

Mas o que significa ciberdemocracia? Para o professor tunisino Pierre Lévy (2004, p. 31, tradução nossa), criador da expressão ciberdemocracia, esta seria uma "Espécie de aprofundamento e generalização do mercado, do terreno democrático e da comunidade científica, sobre uma livre diversidade no espaço aberto de comunicação e de cooperação".

Para o professor espanhol Victor F. Sampedro Blanco (2011, p. 15), a ciberdemocracia é um:

> Modelo que respeitando a autonomia relativa de quem exerce cargos remunerados de representação política, jornalística e de gerência administrativa, confere aos eleitores públicos e governados canais de participação e deliberação. De modo que os cidadãos através da TIC podem tomar um papel ativo na proposta, debate, decisão, e implementação das políticas públicas, e da comunicação política.

Em decorrência do avanço tecnológico e principalmente da democracia virtual, percebe-se que, por meio da tecnologia da informação e comunicação (TIC), a sociedade, em futuro não distante, vai se tornar um cibercidadão (aquele que exerce os direitos de cidadania virtualmente). Contudo, o tema suscita grandes debates, principalmente pelo fato da liberdade vigiada que se esconde atrás da internet.

Nesse sentido, pense e reflita considerando a atualidade: é possível e existe uma democracia virtual não vigiada? Utopia ou realidade?

Referências

BAUMAN, Z.; BORDONI, C. *Estado de crise*. Rio de Janeiro: Zahar, 2016.

CALIXTO, B. Por que alguns políticos passaram a chamar o Estado Islâmico de "Daesh": Reino Unido diz que Estado Islâmico não é "nem um Estado, nem Islâmico", e que passará a chamar o grupo de "Daesh". Mas o que é "Daesh"? *Revista Época*, 2015. Disponível em: <http://epoca.globo.com/tempo/noticia/2015/12/por-que-alguns-politicos-passaram-chamar-o-estado-islamico-de-daesh.html>. Acesso em: 28 set. 2017.

MORAIS, J. L. B. de. *As crises do Estado e da Constituição e a transformação espaço-temporal dos direitos humanos*. 2. ed. rev. ampl. Porto Alegre: Livraria do Advogado Editora, 2011.

LÉVY, P. *Ciberdemocracia:* ensayo sobre filosofía política. Barcelona: Editorial UOC, 2004.

LOWE, N. *História do mundo contemporâneo*. 4. ed. Porto Alegre: Penso, 2011.

MANKIW, N. G. *Macroeconomia*. 8. ed. Rio de Janeiro: LTC, 2015.

MARQUES, R. M.; FERREIRA, M. R. J. *O Brasil sob a nova ordem:* a economia brasileira contemporânea. São Paulo: Saraiva, 2010.

RODRÍGUEZ CABEZUDO, N. *Inclusión digital:* perspectivas y experiências. Zaragoza: Prensa Universitarias de Zaragoza, 2011.

SAMPEDRO BLANCO, V. F. *Cibercampaña:* cauces y diques para la participación. Madrid: Editorial Complutense, 2011.

Leituras recomendadas

BACHA, E. (Org.). et al. *Estado da economia mundial:* desafios e respostas: seminário em homenagem a Pedro S. Malan. Rio de Janeiro: LTC, 2015.

CASSESE, S. *A crise do estado*. Campinas: Saberes, 2010.

CHEVALLIER, J. *O estado pós-moderno*. Belo Horizonte: Fórum, 2009.

GARCÍA-PELAYO, M. *As transformações do estado contemporâneo*. São Paulo: Forense, 2009.

LA UNIÓN Europea, ante la mayor crisis de su historia. *Clárin.com*. 2016. Disponível em: <https://www.clarin.com/mundo/Union-Europea-mayor-crisis-historia_0_HkKwt6qr.html>. Acesso em: 28 set. 2017.

MENEZES, A. *Teoria geral do Estado*. Rio de Janeiro: Forense, 1999.

SILVA, A. M. *A aventura da moeda única europeia:* enredos e dilemas, progressos e desafios ensaio de história e de política. Coimbra: Imprensa da Universidade de Coimbra, 2017.

STRECK, L. L.; MORAIS, J. L. B. de. *Ciência política e teoria do Estado*. 5. ed. Porto Alegre: Livraria do Advogado, 2006.